Ibsen | Nora (Ein Puppenheim)

Lektüreschlüssel XL

für Schülerinnen und Schüler

Henrik Ibsen

Nora
(Ein Puppenheim)

Von Kani Mam Rostami Boukani

Reclam

Dieser Lektüreschlüssel bezieht sich auf folgende Textausgabe:
Henrik Ibsen: *Nora (Ein Puppenheim). Schauspiel in drei Akten.*
Übers. von Richard Linder. Hrsg. von Mario Leis und Eva Hönsch.
Stuttgart: Reclam, 2022. (Reclam XL. Text und Kontext, Nr. 16142.)
Diese Ausgabe des Werktextes ist zeilengleich mit der in
Reclams Universal-Bibliothek Nr. 1257.

E-Book-Ausgaben finden Sie auf unserer Website
unter www.reclam.de/e-book

Lektüreschlüssel XL | Nr. 15539
2022 Philipp Reclam jun. Verlag GmbH,
Siemensstraße 32, 71254 Ditzingen
Druck und Bindung: Eberl & Koesel GmbH & Co. KG,
Am Buchweg 1, 87452 Altusried-Krugzell
Printed in Germany 2022
RECLAM ist eine eingetragene Marke
der Philipp Reclam jun. GmbH & Co. KG, Stuttgart
ISBN 978-3-15-015539-4

Auch als E-Book erhältlich

www.reclam.de

Inhalt

1. Schnelleinstieg

Autor	Henrik Ibsen (1828–1906)
Erscheinung	Dezember 1879: Norwegische Buchausgabe mit dem Titel *Et dukkehjem* (›Ein Puppenheim‹)
Uraufführung	21. Dezember 1879: Königliches Theater in Kopenhagen
Gattung	analytisches Drama, soziales Drama
Epoche	Naturalismus
Ort und Zeit	Das Stück spielt in den 1870er Jahren in Norwegen, Schauplatz ist die Wohnung der Eheleute Nora und Torvald Helmer. Die Handlung, in drei Akte gegliedert, umfasst ca. drei Tage: Sie beginnt an Heiligabend und endet in der Nacht des zweiten Weihnachtsfeiertags.
Handlung	Nora Helmer wird nach acht Jahren Ehe mit ihrer Vergangenheit konfrontiert: Sie hat ihrem Mann eine Genesungsreise nach Italien finanziert, die ihm das Leben rettete, jedoch vor ihm verheimlicht, dass sie sich dazu Geld lieh und die Unterschrift des Bürgen auf dem Schuldschein fälschte. Nun wird sie von ihrem Gläubiger erpresst: Er verlangt, sie solle sich für seine unsichere Stelle in Helmers Bank einsetzen, andernfalls enthülle er ihre Tat. Obwohl er die Stelle schließlich verliert, schickt er, unter dem Einfluss von Noras Freundin, den Schuldschein zurück. Durch einen Brief erfährt ihr Mann dennoch die Wahrheit. Er verurteilt Nora als leichtsinnige Verbrecherin, was ihr die Augen über ihre Ehe öffnet. Enttäuscht von seiner Reaktion verlässt sie ihn und die Kinder.

»Wohin man kam – in jedem der Kunst und Literatur holden Salon – überall fand man inmitten zwischen den illustrierten Prachtbänden jenes unscheinbare gelbe, ›für zwanzig Pfennige einzeln käufliche‹ Heftchen No. 1257 der Reclam'schen Universalbibliothek mit dem Titel: ›Nora. Schauspiel in drei Aufzügen von Henrik Ibsen. Deutsch von Wilhelm Lange‹; und man konnte mit ziemlich sicherer Chance des Gewinnens eine Wette darauf eingehen, es werde innerhalb der nächsten Viertelstunde von irgendeiner schönen oder nicht schönen Lippe der klangvolle Name der Heldin des Schauspiels ausgesprochen werden und sich daran sofort eine lebhafte Diskussion knüpfen, deren Ende nicht leicht abzusehen war.«[1]

Friedrich Spielhagens Bericht verdeutlicht anschaulich die Wirkung, die Ibsens soziales Drama bereits kurz nach Erscheinen der deutschen Buchausgabe hatte: *Nora* erhitzte die Gemüter und entfachte lebhafte Diskussionen, die sich vor allem um die Radikalität des offenen Endes und das darin aufgeworfene ethische Problem drehten – die Hauptfigur Nora verlässt am Schluss Mann und Kinder und proklamiert ihr Recht auf ein selbstbestimmtes Leben.

■ Diskussionen um das offene Ende

---

1 Friedrich Spielhagen, »Henrik Ibsen's *Nora* (1880)«, in: *Ibsen auf der deutschen Bühne. Texte zur Rezeption*, ausgew., eingel. und hrsg. von Wilhelm Friese, Tübingen 1976, S. 1–19, hier S. 1.

Henrik Ibsens *Nora* wurde in der öffentlichen Debatte als Angriff auf Moral und gesellschaftliche Ordnung gewertet; heilige Güter des Bürgertums schienen durch das Stück gefährdet. In Deutschland wurde das Drama aufgrund seiner Radikalität zunächst nur mit einem abgeänderten Schluss aufgeführt, der dem Ganzen seine Brisanz nimmt und die dramatische Aussage in ihr Gegenteil verkehrt – in dieser Fassung fügt sich Nora ihrem Schicksal und bleibt ihren Pflichten als Ehefrau und Mutter entsprechend bei ihrer Familie.

■ *Nora* als Angriff auf die bürgerliche Ordnung

Bereits wenige Jahre nach seiner Uraufführung am 21. Dezember 1879 in Kopenhagen eroberte das Stück – nach einigen anfänglichen Misserfolgen – alle europäisch orientierten Bühnen und wurde in den Folgejahren als klassisches Drama der Frauenemanzipation gefeiert; wenig später wurde *Nora* in weiten Teilen der Erde gespielt und erfährt auch heute noch zahlreiche nationale und internationale Aufführungen.[2]

■ Weltweiter Erfolg

Der zeitgenössische Erfolg des Dramas liegt sicherlich in der Tatsache begründet, dass Ibsen in *Nora* gesellschaftliche Widersprüche und private Konflikte zur Schau stellt, die in der damaligen Realität der Zuschauerinnen und Zuschauer wurzeln. Darum kann es auch der Gattung des sozialen Dramas zugerechnet werden, die sich insbesondere mit den Auswirkungen gesellschaftlicher Umstände auf das Individuum

■ Zeitgenössische Relevanz

2 Erika Fischer-Lichte / Barbara Gronau / Christel Weiler (Hrsg.), *Global Ibsen. Performing Multiple Modernities*, New York 2011, S. 1 f.

auseinandersetzt. Im letzten Viertel des 19. Jahrhunderts führten Ibsens Gesellschaftsstücke, die als Beginn des modernen Dramas gelten, zu einer »Revolutionierung des Theaterbetriebs«[3] und beeinflussten das kulturelle Schaffen in Deutschland maßgeblich.

Ibsen zeichnet in *Nora* ein realitätsnahes Bild der bürgerlichen Gesellschaft im ausgehenden 19. Jahrhundert und gibt somit Einblick in eine Ära, in der gesellschaftliche Reglementierungen und Hierarchien auch das Privatleben beherrschten und der Kampf um die Gleichberechtigung der Frau erst ihre Anfänge nahm.

■ Spiegel der bürgerlichen Gesellschaft

Der damalige Skandal um das Stück erscheint heute nur im Bewusstsein seiner Historizität nachvollziehbar, d. h. in dem Wissen, dass Freiheiten und Wandel hart erkämpft werden mussten; seine gesellschaftskritische Relevanz scheint passé. Dennoch hat *Nora* im 21. Jahrhundert nichts von seiner Attraktivität verloren: Es handelt von einer mutigen Tat und ihrer anschließenden Verurteilung, vom Wunsch nach echter Liebe und der Erfahrung des Scheiterns, von gewagten Neuanfängen und der Sehnsucht nach Selbstbestimmung – von Themen, die bis heute nicht an Aktualität eingebüßt haben.

■ Aktualität der Themen

3 Fritz Paul, »Einleitung«, in: *Henrik Ibsen*, hrsg. von F. P., Darmstadt 1977, S. 1–20, hier S. 1.

2. Inhaltsangabe

Erster Akt

Es ist Mittag an Heiligabend. Nora Helmer betritt vergnügt das Wohnzimmer ihres Hauses, dessen Einrichtung als nicht luxuriös, aber geschmackvoll und gemütlich beschrieben wird. Sie verstaut ihre Einkäufe und entlässt den Stadtboten mit dem doppelten Trinkgeld; das Hausmädchen Helene weist sie an, den Weihnachtsbaum bis zum Abend vor den Kindern zu verstecken. Ihr Mann Torvald Helmer, der sich zunächst nebenan im Arbeitszimmer aufhält und Nora mit den Kosenamen »Lerche«, »Eichhörnchen« und »Zeisig« (S. 8) versieht, ermahnt sie, nicht verschwenderisch zu sein.

■ Einführung Noras

Nora möchte in Erwartung der bevorstehenden Beförderung ihres Mannes zum Bankdirektor dieses Weihnachtsfest nicht sparen müssen und würde sogar Schulden bis zur ersten Lohnzahlung machen, was Helmer als leichtsinnig bezeichnet und rigoros ablehnt – Schulden brächten »etwas Unfreies und damit Unschönes in ein Heim« (S. 9). Er gibt Nora einige Geldscheine und lässt sich die Weihnachtsgeschenke zeigen, die sie für die drei Kinder, das Kinder- und das Hausmädchen besorgt hat.

■ Helmers Beförderung

Sie selbst wünsche sich nichts, bemerkt Nora auf Helmers Rückfrage hin, er könne ihr jedoch Geld schenken, das sie in einen Umschlag aus Goldpapier stecken und an den Baum hängen würde. Helmer zögert, denn er befürchtet, dass sie das Geld nicht für sich selbst, sondern »für den Haushalt und allerlei unnütze Dinge« (S. 10) ausgeben werde. Noras leichtfertigen Umgang mit Geld sieht er als vom Vater vererbt an: Sie sei immer um Geld bemüht, doch es rinne ihr durch die Finger. Helmer fragt, ob sie in der Konditorei gewesen sei. Bereits hier wird deutlich, dass Nora es mit der Wahrheit nicht allzu genau nimmt: Die Makronen, die sie sich gegönnt hat, verheimlicht sie vor ihrem Mann, der ihr Näschereien verboten hat.

Kurz darauf trifft Besuch im Hause Helmer ein. Dr. Rank, ein enger Hausfreund der Familie, macht Torvald seine tägliche Aufwartung. Zeitgleich kündigt sich Christine Linde an, eine alte Freundin Noras, die sie seit zehn Jahren nicht gesehen hat. Frau Linde ist zurück in die Stadt gekommen, um eine Stelle zu suchen. Die beiden Frauen tauschen sich über die Zeit seit ihrer letzten Begegnung aus. Nora berichtet von acht glücklichen Ehejahren, Torvalds aktueller Beförderung zum Direktor der Aktienbank und seiner Erkrankung kurz vor Geburt des ersten Kindes. Ihr Mann habe sich im ersten Jahr nach der Heirat beruflich überanstrengt und sei todkrank geworden, sodass die Ärzte einen längeren Aufenthalt im Süden für notwendig gehalten hätten. Daher hätten sie ein Jahr in Italien verbracht; das Geld habe Nora von ihrem Vater erhalten, der zu dieser Zeit im Sterben lag.

Christine Linde ist seit drei Jahren verwitwet und auf sich selbst gestellt, da ihr Mann ihr kein Erbe hinterlassen hat. Geheiratet habe sie ihn nicht aus Liebe,

Noras Umgang mit Geld

Einführung Dr. Ranks und Frau Lindes

Christine Lindes Schicksal

sondern um ihre damals kranke Mutter und ihre beiden jüngeren Brüder durchzubringen. Mittlerweile sei ihre Mutter verstorben und ihre Geschwister könnten für sich selbst sorgen, sodass sie eine unerträgliche Leere in ihrem Leben verspüre. Sie möchte Helmer um eine Stelle im Büro seiner Bank bitten, und Nora verspricht, ihr zu helfen. Christine ist dankbar für die Unterstützung ihrer Freundin, umso mehr, als diese »die Mühen und Beschwerden des Lebens« (S. 19) selbst nicht kenne.

Nora möchte die Einschätzung ihrer Freundin, sie sei ein »Kind« (S. 19) und könne die Schwierigkeiten des Lebens nicht nachvollziehen, nicht auf sich sitzen lassen. Sie vertraut ihr voller Stolz an, dass sie ihrem Mann das Leben gerettet habe. Ihr Vater habe ihr das Geld für die Genesungsreise nicht gegeben, sie selbst habe es ohne das Wissen Helmers beschafft, der im Unklaren über seine ernsthafte gesundheitliche Lage war und keinen Kredit aufnehmen wollte. Seither zahlt sie die Schulden ab, indem sie überall, wo sie kann, Geld einspart, insbesondere bei ihren persönlichen Einkäufen. Letzten Winter habe sie sich drei Wochen lang jeden Abend eingeschlossen und Schreibarbeiten erledigt, um zusätzliches Geld zu besorgen. Ihr Mann dachte, sie bastle in dieser Zeit an Weihnachtsschmuck, den dann angeblich die Katze zerstört hat.

■ Noras Geheimnis

Kurz darauf erscheint Noras Gläubiger, Rechtsanwalt Krogstad, der mit ihrem Mann sprechen möchte. Er ist auf einem kleinen Posten bei der Bank angestellt, die Helmer übernehmen soll. Christine Linde

■ Rechtsanwalt Krogstad

erkennt Krogstad, der nach Noras Wissen seit einigen Jahren verwitwet und alleine mit mehreren Kindern ist, als früheren Bekannten wieder. Dr. Rank kommt aus Helmers Büro hinzu und bezeichnet Krogstad den beiden Frauen gegenüber als unmoralischen Menschen, vor dem man sich hüten müsse. Nach dem Fortgang Krogstads stellt Helmer Christine eine Stelle in seiner Bank in Aussicht und verlässt gemeinsam mit ihr und Dr. Rank das Haus, als das Kindermädchen mit den Kindern der Helmers eintrifft.

Nora beschäftigt sich mit ihren drei Kindern Ivar, Emmy und Bob; sie nimmt das kleinste auf den Arm und bezeichnet es als »Puppenkind« (S. 31). Während sie Verstecken spielen, erscheint Krogstad erneut, diesmal, um mit ihr zu sprechen. Er erkundigt sich, ob es sich bei dem Damenbesuch um Frau Linde gehandelt habe und ob diese eine Anstellung in der Aktienbank erhalten wird. Krogstad befürchtet, seine Stelle in der Bank zu verlieren, denn Helmer wolle ihn entlassen. Die Anstellung sei jedoch enorm wichtig für ihn, da sie ihm und seiner Familie bürgerliche Achtung verschaffe, an der er nach einer »Unbesonnenheit« (S. 35), die er vor Jahren begangen hat, stark eingebüßt hat. Krogstad fordert von Nora, ihren Einfluss auf ihren Ehemann für ihn geltend zu machen, den sie zuvor betont hatte, andernfalls werde er Helmer über ihre Schulden informieren. Nora wehrt sich zunächst gegen seine Forderung und versichert, dass Helmer die Schulden sofort begleichen würde, würde er von ihnen erfahren.

■ Krogstads
Erpressungs-
versuch

Krogstad macht Nora jedoch auf den »merkwürdigen Umstand« (S. 37) aufmerksam, dass die Unterschrift ihres Vaters als Gläubiger auf dem Schuldschein für ihr Darlehen auf drei Tage nach dessen Tod datiert ist. Nora, sich der Tragweite ihres Handelns nicht bewusst, gibt daraufhin zu, im Namen ihres Vaters unterschrieben und somit Urkundenfälschung begangen zu haben. Sie rechtfertigt ihre Tat mit den guten Motiven ihres Handelns: Ihr Vater lag im Sterben, daher wollte sie ihm die Sorge um Torvalds Krankheit ersparen, für dessen Genesung die Reise unumgänglich war. Krogstad droht, Nora mitzureißen, wenn er durch einen Jobverlust ein zweites Mal aus der Gesellschaft ausgestoßen werden sollte. Nach seinem Fortgang bleibt Nora nachdenklich und verunsichert zurück.

■ Nora gibt Urkundenfälschung zu

Nora will ihrem Mann Krogstads Besuch zunächst verschweigen. Als Helmer sie darauf anspricht, dass er Krogstad aus dem Haus kommen sah, und vermutet, dass dieser sie bat, ein gutes Wort für ihn einzulegen, gibt Nora den Besuch und Krogstads Bitte zu, verschweigt ihm jedoch die Erpressung. Helmer ist nicht erfreut, weshalb Nora mit einer Bitte zu ihrem Kostüm für den Maskenball der Stenborgs zunächst vom Thema ablenkt und sich erst später erkundigt, was Krogstad sich zuschulden kommen lassen hat. Laut Helmer hat er Urkundenfälschung betrieben, sein Vergehen jedoch nicht offen bekannt und seine Strafe nicht gebüßt, um sich moralisch wieder aufzurichten. Stattdessen habe er versucht sich durchzu-

■ Krogstads Vergehen

winden: Mit seinen Lügen habe Krogstad sein Heim und seine Kinder vergiftet, die mit jedem Atemzug »den Keim zu etwas Hässlichem« (S. 43) in sich aufnähmen. Nora, die Helmers Aussagen auf sich bezieht, ist entsetzt. Sie beginnt, an ihrem Handeln und dessen Auswirkungen auf ihre Familie zu zweifeln.

Zweiter Akt

■ Noras Verunsicherung

Es ist der Nachmittag des ersten Weihnachtsfeiertags, Nora geht beunruhigt im Wohnzimmer auf und ab. Das Kindermädchen bringt ihr Maskenkostüm, das für den Kostümball bei den Stenborgs zurechtgemacht werden muss. Nora erkundigt sich nach den Kindern, die sie – mutmaßlich aus Sorge vor ihrem schlechten Einfluss – weniger um sich haben möchte. Sie befürchtet, dass diese sie ganz vergessen werden, wenn sie fortgehen müsste, und fragt ihre ehemalige Amme, die nun als Kindermädchen für die drei Kinder arbeitet, wie es ihr möglich war, ihr eigenes Kind freiwillig anderen zu überlassen. Ihre Amme erklärt, sie habe als junge Frau, die ins »Unglück« (S. 46) gekommen war, also ein uneheliches Kind erwartete, keine andere Möglichkeit gehabt und sich über eine solche Stelle gefreut.

Christine Linde kommt vorbei, um beim Nähen des Kostüms zu helfen. Nora erzählt ihr, dass sie sich auf Helmers Wunsch hin für den Ball als neapolitanisches Fischermädchen verkleiden und dort die Tarantella tanzen werde. Sie sprechen über den vorigen Abend, und Christine erkundigt sich nach Dr. Rank und seinem Verhältnis zum Hause Helmer. Nora erzählt, dass Rank an der gefährlichen Krankheit Rückenmarksschwindsucht leidet, und führt dies auf den moralisch fragwürdigen Lebenswandel seines Vaters zurück. Christine zweifelt an der Aufrichtigkeit Ranks und äußert die Vermutung, dass er etwas für Nora empfindet und ihr daher das Geld für die Italienreise geliehen hat. Nora klärt entschieden auf: Sie habe das Geld nicht von Rank bekommen. Sie überlegt jedoch, ihn um Hilfe zu bitten, wovon Christine abrät.

■ Dr. Ranks Krankheit

Helmers Rückkehr unterbricht das Gespräch der Frauen. Nora versucht zunächst, ihn mit Charme davon zu überzeugen, Krogstad nicht zu entlassen. Anschließend äußert sie die Sorge, dass er Helmer übel nachreden und ihm schaden könnte, so wie es ihrem Vater widerfahren sei. Helmer lehnt ihre Bitte ab, da er die Kündigung in der Bank bereits bekannt gemacht habe und nicht als wankelmütig und beeinflussbar dastehen will. Er fühle sich zudem peinlich berührt, wenn Krogstad ihn als alter Jugendbekannter vor anderen duze. Nora bezeichnet seine Gründe als »kleinlich« (S. 54), woraufhin Helmer kurzerhand entscheidet, den Kündigungsbrief sofort rauszuschicken. Er deutet Noras Angst als Zeichen ihrer Liebe und versichert ihr, den Mut und die Kraft dazu haben, alle aus der Kündigung resultierenden Schwierigkeiten auf sich zu nehmen, wenn es darauf ankommen sollte.

■ Krogstads Kündigung

Nora ist ängstlich und verstört, als Dr. Rank klingelt. Ihn um Hilfe zu bitten, erscheint ihr als letzte

Rettung. Nora behauptet, Helmer habe keine Zeit, ihn zu empfangen, und bietet ihre Gesellschaft an. Rank erzählt von seiner Krankheit und von seiner Vermutung, bald sterben zu müssen. Er erklärt, dass er Helmer unter keinen Umständen in seinem Krankenzimmer haben möchte, da dieser einen ausgeprägten Widerwillen gegen alles »Hässliche« (S. 57) habe. Wenn es so weit sei, werde er als Zeichen eine Visitenkarte mit einem Kreuz darauf schicken. Seine Krankheit führt Rank auf den unsteten Lebenswandel seines Vaters zurück und merkt an, dass es ungerecht sei, dass er für die Schuld eines anderen büßen müsse.

Nora gibt sich im Gespräch verführerisch und kokettiert mit Dr. Rank. Sie zeigt ihm die Strümpfe, die sie beim Ball tragen wird – ein für die damalige Zeit äußerst offensives Verhalten. Rank gesteht Nora dar-

aufhin seine Liebe, wodurch es ihr unmöglich wird, ihn um Geld zu bitten. Sie bezeichnet das offene Aussprechen seiner Gefühle als »hässlich« (S. 60) und gibt ihm freundlich, aber deutlich zu verstehen, dass sie zwischen Menschen, die sie liebt, und Menschen, deren Gesellschaft sie schätzt, unterscheidet.

Das Eintreten des Hausmädchens unterbricht das Gespräch. Sie überreicht Nora die Visitenkarte Krogstads, der bereits auf sie wartet. Rank gegenüber schiebt Nora ein heimlich bestelltes Kostüm als Ausrede vor und schickt ihn zu Helmer. Krogstad ist besorgt, dass Nora sich etwas antun könnte, und teilt ihr mit, dass er keine Anzeige erstatten wird. Er möchte die Angelegenheit privat regeln, niemand außer Hel-

mer müsse etwas davon erfahren. Mit dem Schuldschein, den er einbehalten will, auch wenn es Nora
gelänge, die Schulden rasch zu begleichen, will er seine gesellschaftliche Rehabilitation erwirken: Er fordert einen höheren Posten in der Aktienbank, um
später als »rechte Hand des Direktors« (S. 66) die Bank
zu leiten und neues Ansehen zu erlangen. Noras Er-
wägung, sich das Leben zu nehmen, nütze ihr nichts –
er habe so oder so den guten Ruf der Familie und somit ihren Mann in der Hand.

Beim Gehen wirft er einen Brief an Helmer, der ihn ■ Krogstads
über das Darlehen und die Unterschriftenfälschung Brief an
aufklären soll, in den abgeschlossenen Briefkasten. Helmer
Frau Linde kommt mit Noras fertigem Kostüm und
findet ihre Freundin völlig aufgelöst vor. Sie erfährt,
dass Nora das Geld von Krogstad geliehen und die
Unterschrift gefälscht hat. Nora nimmt Frau Linde ■ Frau Linde
das Versprechen ab, Zeugin zu sein, falls ihr etwas zu- bietet Hilfe
stoße – sie allein trage die Schuld, niemand sonst habe an
davon gewusst. »Das Wunderbare« – von dem sich an
späterer Stelle herausstellen soll, dass es die selbstlose
Schuldübernahme durch Helmer bezeichnet (S. 99) –
möchte Nora verhindern. Frau Linde sucht Krogstad
auf, um ihn davon zu überzeugen, den Brief von Helmer ungelesen zurückzuverlangen. Sie hofft, Einfluss
auf ihn nehmen zu können, da sie sich einst sehr na-
hestanden.

Nora schützt indessen vor, Helmers Hilfe beim
Üben der Tarantella dringend zu benötigen. Unter
seiner und Ranks Klavierbegleitung tanzt sie stür-

misch und wild, entgegen Helmers Geschmack. Dieser verspricht daher, alles Geschäftliche aufzuschieben und sich bis zum Maskenball Nora und ihrem Tanz zu widmen. Den Briefkasten werde er nicht vor Ende des Balls in der darauffolgenden Nacht leeren. Frau Linde berichtet, dass sie nichts bewirken konnte, weil Krogstad bis zum folgenden Abend aufs Land gereist sei. Sie habe ihm einen Zettel hinterlassen. Noras Entschluss, sich nach dem Ball das Leben zu nehmen, steht fest – sie zählt die Stunden bis zu ihrem Tod.

■ Noras Suizidgedanken

Dritter Akt

Es ist der Abend des zweiten Weihnachtsfeiertags. Frau Linde wartet im Wohnzimmer der Helmers zerstreut auf Krogstad, während die Helmers in der darüberliegenden Wohnung am Maskenball des Konsuls teilnehmen. Krogstad ist überrascht über Frau Lindes Bitte um ein Gespräch, da sie ihn einst für die Ehe mit einem wohlhabenderen Mann verlassen hat. Frau Linde gesteht ihm, dass sie nicht leichten Herzens mit ihm gebrochen habe. Sie habe es damals als ihre Pflicht angesehen, um ihre Familie durchzubringen. Krogstad ist es seit der Trennung von Frau Linde schlecht ergangen und er wirft ihr vor, sich ihm erneut in den Weg zu stellen. Frau Linde beteuert, sie habe nicht gewusst, dass sie Krogstads Posten in der Bank einnehmen solle, und überzeugt ihn davon, seinetwegen in die Stadt gekommen zu sein. Sie möchte mit ihm ein gemeinsames Leben führen, für ihn und seine Kinder sorgen.

Neuanfang: Krogstad und Frau Linde

Krogstad, glücklich über diese Wendung, ist bereit, seinen Brief ungelesen von Helmer zurückzuverlangen. Doch Frau Linde hält ihn zurück, ihrer Meinung nach muss es zu einer offenen Aussprache zwischen Nora und Helmer kommen: »Helmer muss alles erfahren; dieses unglückselige Geheimnis muss an den Tag.« (S. 78) Die Töne der Tarantella lassen die baldige Rückkehr der Helmers vermuten. Frau Linde schickt Krogstad fort, in dessen Einfall: »Aber *eins* kann ich jedenfalls tun« (S. 78) sich bereits sein Beschluss andeutet, den Schuldschein zurückzugeben.

Frau Lindes Einsicht

Beim Eintreffen der Helmers gibt Frau Linde vor, gewartet zu haben, um Nora in ihrem Kostüm zu sehen. Sie teilt Nora heimlich mit, dass sie von Krogstad nichts zu befürchten hat, Helmer dennoch alles erfahren muss und wird. Helmer ist froh, als Frau Linde sich verabschiedet. Nach einem kurzen Gespräch über Dr. Rank startet Helmer einen sexuellen Annäherungsversuch. Er bezeichnet Nora als seinen verführerischen Besitz und gesteht, dass er so früh gehen wollte, um mit ihr alleine zu sein. Nora weist ihn zurück, was Helmer nicht gelten lassen will.

Helmers Annäherungsversuch

Dr. Rank klopft und unterbricht das Gespräch, das sich in der Folge um den Ball sowie die medizinische Untersuchung seiner selbst dreht. Nora erkennt an Ranks Andeutungen, dass er Gewissheit von seinem baldigen Ableben hat. Die Worte »Schlafen Sie wohl, Doktor Rank« (S. 86) äußert Nora im vollen Bewusst-

■ Endgültiger
Abschied
von Rank

sein eines endgültigen Abschieds und fordert von ihm – ihren Selbstmord vor Augen – ihr dasselbe zu wünschen.

Helmer leert den Briefkasten und bemerkt, dass sich jemand mit einer Haarnadel Noras am Schloss zu schaffen gemacht hat, was Nora auf die Kinder schiebt. Die mit einem Kreuz gekennzeichneten Visitenkarten Dr. Ranks, die Helmer im Briefkasten findet, geben endgültig Klarheit über seinen Zustand. Helmer, in Trauer über den Verlust des Freundes, beichtet Nora, dass er sich manchmal wünsche, es möge ihr eine wirkliche Gefahr drohen, damit er »Leib und Leben und alles« (S. 88) für sie aufs Spiel setzen könne. Nora erkennt, dass dies der richtige Moment für die Wahrheit ist. Sie fordert Helmer nachdrücklich dazu auf, jetzt seine Briefe zu lesen, und verabschiedet sich zur Nacht.

■ Der Moment der Wahrheit

Nora eilt, ihren Suizid im Sinn, über den Flur Richtung Haustür. Helmer tritt ihr mit Krogstads geöffnetem Brief in den Weg und fordert Rechenschaft. Nora gesteht, es sei alles wahr, und versichert, sie habe ihn über alles geliebt. Sie bittet darum, gehen zu dürfen, da sie Helmer davon abhalten will, ihre Tat auf sich zu nehmen. Dieser bezeichnet Noras Aussagen als »alberne[] Ausflüchte[]« und ermahnt sie, »[k]eine Komödie« (S. 89) zu spielen. Er wirft ihr vor, sein Glück und seine Zukunft vernichtet zu haben, und teilt ihr mit, dass das Darlehen und die Unterschriftenfälschung vertuscht werden müssten und der Schein nach außen gewahrt werden müsse. Sie habe im Haus

■ Helmers
Reaktion

zu bleiben wie bisher, aber die Erziehung der Kinder vertraue er ihr nicht mehr an, und mit ihrer Liebe sei es ebenfalls aus.

Das Hausmädchen bringt indes einen an Nora adressierten Brief von Krogstad, der den Schuldschein enthält. Helmer reißt den Brief an sich und glaubt sich gerettet, seine Stimmung schlägt in Euphorie um. Glücklich über diese Wendung verzeiht er Nora – entgegen dem vorher Gesagten – großmütig. Sie habe aus Liebe gehandelt, auch wenn sie die Mittel nicht zu beurteilen wusste. Von nun an werde er sie leiten und schützen, ihr »Wille« und »Gewissen« (S. 93) sein. Brief und Schuldschein wirft er ins Feuer. Nora bedankt sich für seine Vergebung und geht hinaus, um ihren Maskenanzug abzulegen.

■ Schuldschein als scheinbare Rettung

Nora erscheint im Alltagskleid und fordert ein ernsthaftes Gespräch. Sie erkennt, dass ihr Unrecht zugefügt worden ist, erst von ihrem Vater und dann von Helmer. Sie sei das »Puppenkind« ihres Vaters gewesen und anschließend Helmers »Puppenfrau« (S. 95); beiden habe sie nur zur Unterhaltung gedient. Sie seien schuld daran, dass aus ihr »nichts […] geworden« (S. 95) sei. Helmers Angebot, sie zukünftig zu erziehen, lehnt Nora ab. Sie will fortgehen, um sich selbst zu bilden: Dafür müsse sie allein sein und über Verschiedenes nachdenken. Die Nacht werde sie bei Frau Linde verbringen und am darauffolgenden Tag an ihren Geburtsort reisen.

■ Noras Erkenntnisse

Die Einwände Helmers, der Nora das Fortgehen zunächst verbieten will und sie anschließend an ihre

»heiligsten Pflichten« (S. 97) erinnert, nämlich an ihre Rolle als Ehefrau und Mutter, lässt sie nicht gelten. Sie habe andere Pflichten, nämlich die gegen sich selbst, und für die Erziehung der Kinder sei sie ohnehin nicht geeignet, wie er eben selbst festgestellt habe. Sie liebe Helmer nicht mehr, jetzt wo sie erkenne, dass sie sich jahrelang in ihm getäuscht habe. Helmer sei nicht dazu bereit gewesen, Noras Opfer anzuerkennen und sich im Gegenzug für sie zu opfern. Seine Ehre habe ihm mehr gegolten als ihr Wohl – »das Wunderbare« (S. 100), mit dem Nora fest gerechnet hatte, nämlich die Bereitschaft Helmers zur Selbstaufopferung für sie, sei nicht eingetreten.

Nora entbindet Helmer von all seinen Verpflichtungen ihr gegenüber, gibt ihm Ehering und Schlüssel und verlangt auch ihren Ring zurück. Mit einem Fremden könne und wolle sie nicht weiter zusammenleben. Helmers Wunsch nach weiterem Kontakt lehnt Nora ab; einer zweiten Chance steht sie skeptisch gegenüber. Dafür müsse »das Wunderbarste« geschehen, nämlich, »[d]ass ein Zusammenleben zwischen uns beiden eine Ehe werden könnte« (S. 102). Obwohl in Helmer ein Funke Hoffnung aufleuchtet und das weitere Schicksal der Figuren offenbleibt, ist die letzte Regieanweisung deutlich – die Tür fällt dröhnend hinter Nora ins Schloss.

Entfremdung von Helmer

Nora verlässt Mann und Kinder

3. Figuren

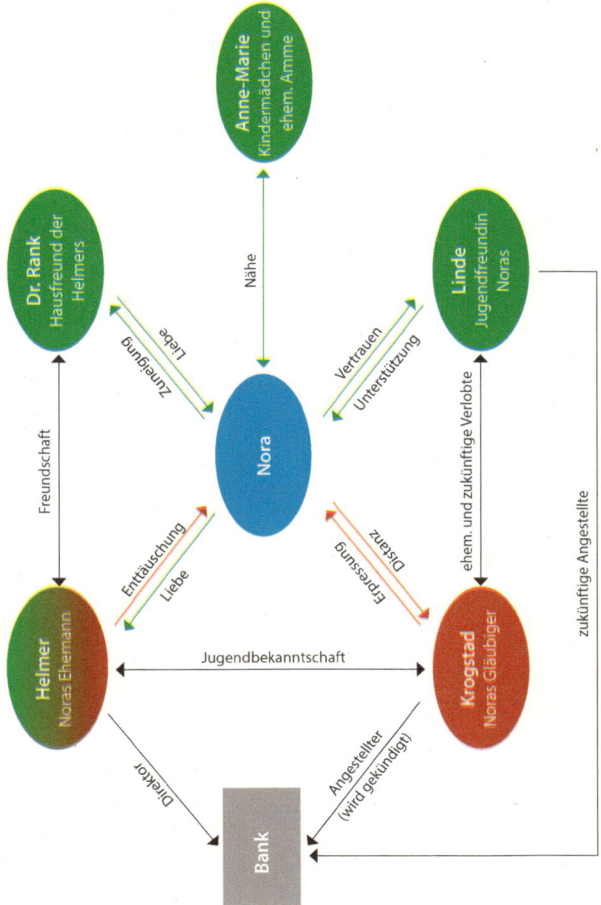

Abb. 1: Figurenkonstellation

Bereits das Figurenverzeichnis, das in seinen Bezeichnungen auf Advokat Helmer als männliches Familienoberhaupt ausgelegt ist (es ist von »seine[r] Frau«, »Helmers drei kleine[n] Kinder[n]«, »Helmers Wohnung« die Rede, S. 5), spiegelt die patriarchalische Gesellschaftsordnung des 19. Jahrhunderts wider, die in *Nora* maßgebend ist. Die dazugehörigen männlichen und weiblichen Rollenbilder werden von den Figuren des Stückes erfüllt und nur durch Nora aufgebrochen, die als Hauptfigur das Zentrum der Handlung und des dramatischen Konflikts bildet.

■ Sechs handlungstragende Figuren

Ibsen beschränkt das Figurenensemble seines Stücks auf das Protagonistenpaar Nora und Torvald Helmer, das Nebenpaar Nils Krogstad und Christine Linde, Dr. Rank, einen engen Freund der Helmers, und das Kindermädchen Anne-Marie, das jedoch nur kurz in Erscheinung tritt. Außerdem treten noch fünf unbedeutende Nebenfiguren auf, die im Figurenverzeichnis nicht namentlich aufgeführt werden, nämlich die drei Kinder, das Hausmädchen und der Stadtbote.

■ Beziehungsgeflecht und Vorgeschichte

Die sechs handlungstragenden Figuren sind in ein Beziehungsgeflecht eingebettet, das in eine Vergangenheit zurückreicht, die weit vor der Zeit der eigentlichen Handlung liegt. Sie haben alle eine ihre Gegenwart bestimmende Vorgeschichte, die mit den Vorgeschichten der anderen Figuren vernetzt ist. Im Verlauf der Handlung werden die Beziehungen der Figuren zueinander nach und nach aufgedeckt.

Hauptfiguren

In Ibsens Drama werden die Hauptfiguren durch die Nebenfiguren gespiegelt und kontrastiert: So bildet beispielsweise Frau Lindes schweres Schicksal die Kontrastfolie, vor der sich Noras scheinbar glückliches Leben abhebt; bei Krogstad finden sich durch die Urkundenfälschung einerseits Parallelen zum drohenden Unglück Noras, andererseits spiegelt er verdrängte Anteile von Helmers Persönlichkeit, der sich, stets um Ruf und Ehre bemüht, über die unsauberen Praktiken des ehemaligen Jugendbekannten erhaben glaubt und dennoch persönliche Befindlichkeiten über das Wohl anderer stellt.[4]

■ Spiegelung: Hauptfiguren – Nebenfiguren

Nora Helmer

Nora ist Torvald Helmers Ehefrau und dreifache Mutter. Obwohl die Helmers nicht in großem Luxus leben, haben sie mehrere Bedienstete, sodass Nora viel Zeit zur freien Verfügung bleibt. Nora ist ohne Mutter bei ihrem Vater aufgewachsen, der ähnlich mit Nora umging, wie es nun Helmer tut: Der Vater war es, der Nora zur »Puppe« (S. 95) gemacht hat, von ihr Folgsamkeit erwartete, Helmer ist später nur an seine Stelle getreten.

■ Noras Kindheit

Selbst nach acht Jahren Ehe wird Nora von ihren Mitmenschen als hübsches, aber unerfahrenes »Kind« wahrgenommen, das »zu etwas wirklich Ernsthaf-

■ Fremdbild: unerfahren

4 Aldo Keel, »Risse im Puppenheim«, in: *Interpretationen. Ibsens Dramen*, Stuttgart 2005, S. 69–87, hier: S. 81.

tem« (S. 19) nicht fähig ist. Ihrem Mann, der sie durchgängig mit Kosenamen anredet und in vielerlei Hinsicht bevormundet (er teilt ihr Geld zu, kontrolliert ihre Einkäufe, fordert sie auf, sich in Gesellschaft unterhaltsam zu präsentieren und die Tarantella zu tanzen, meint, sie müsse seinem sexuellen Verlangen nachkommen etc.), dient sie überwiegend zur Unterhaltung und zur Steigerung des eigenen Ansehens: »[K]aum zu glauben, wie teuer einen Mann solch Vögelchen kommt« (S. 11). Nora spielt Helmers Spiel mit und scheint mit ihrer Rolle zufrieden zu sein, wie insbesondere in ihrem ersten gemeinsamen Auftritt deutlich wird (S. 8–13).

■ Bevormundung durch Helmer

Nora wirkt nur auf den ersten Blick völlig naiv und unerfahren, tatsächlich setzt sie ihren Charme bewusst ein, um ihren Willen zu bekommen – bei Helmer ebenso wie bei Dr. Rank, mit dem sie kokettiert, als sie seiner Unterstützung bedarf (S. 58–60). Innerhalb ihrer Ehe spielt Nora die ihr von Helmer zugedachte Rolle und gewinnt durch Heimlichkeiten persönlichen Freiraum. So setzt sie sich beispielsweise über sein Verbot hinweg, auf Näschereien zu verzichten, und bestätigt ihm durch eine Lüge zugleich seine Überlegenheit: »Wie könnte mir's einfallen, etwas gegen deinen Willen zu tun!« (S. 12)

■ Gespielte Naivität und Unterwürfigkeit

Trotzdem scheint Nora ihren Mann, dem sie kurz nach der Heirat ohne sein Wissen das Leben gerettet hat, indem sie das Geld für seine Genesungsreise beschaffte, aufrichtig zu lieben. Sie lieh sich von Rechtsanwalt Krogstad die erforderliche Summe und fälsch-

Abb. 2: Die Schauspielerin Agnes Sorma (1862–1927) um 1900 in ihrer Paraderolle der Nora – © akg-images

■ Noras
selbst-
ständiges
Handeln

te die Unterschrift ihres Vaters, dessen Bürgschaft für den Kredit unumgänglich war. Nora handelte selbstständig – und somit gegen geltende Geschlechterrollen und Gesetze – ohne sich der Schwere ihrer Tat bewusst zu sein. Die Schulden hat sie nahezu vollständig getilgt, indem sie persönlichen Verzicht übte und zusätzliche Schreibarbeiten erledigte.

■ Eheliches
Geheimnis

Helmer, dem diese selbstständige und aufopferungsbereite Seite seiner Frau verborgen bleibt, glaubt, ihr Vater habe ihnen das Geld für die Italienreise gegeben. Das Geheimnis ist ihr ganzer Stolz, wie sich im Gespräch mit Christine Linde zeigt (S. 20–24), demonstriert es doch ihre Selbstständigkeit und zugleich ihre Einsatzbereitschaft für ihren Mann. Doch möchte sie es auch weiterhin vor Helmer verbergen, da sie den Charakter ihres Mannes kennt. Es würde Torvalds Selbstbewusstsein, seinen auf einem klassischen männlichen Rollenbild fußenden Stolz demütigen, wenn er wüsste, dass er in Noras (und zudem Krogstads) Schuld steht – und das hätte Folgen für ihre Ehe: »Das würde unser Verhältnis zueinander völlig verschieben; unser schönes glückliches Heim wäre nicht mehr, was es jetzt ist.« (S. 22) Erst in ein paar Jahren, wenn ihre Schönheit nachlassen und Helmer nicht mehr so viel Gefallen an ihr finden werde, könne die Wahrheit nützlich sein, um ihn erneut an sich zu binden.

■ Moralisches
Gefühl

Nora, die zunächst nicht glauben kann und will, dass eine aus Liebe begangene Tat gegen das Gesetz sein kann, verlässt sich auf ihr moralisches Gefühl von Recht und Unrecht:

»Eine Tochter sollte nicht das Recht haben, ihren alten todkranken Vater vor Kummer und Sorgen zu verschonen? Eine Frau nicht das Recht, ihrem Mann das Leben zu retten? Ich kenne die Gesetze nicht so genau; aber ich bin sicher, irgendwo steht darin, dass so etwas erlaubt ist.« (S. 39)

In Noras Unwissenheit über die rechtliche Schwere ihrer Unterschriftenfälschung zeigt sich ihre mangelnde Bildung in finanziellen und rechtlichen Belangen: Während die männlichen Figuren Krogstad und Helmer die Schwere ihres Vergehens schnell erfassen, scheint sich Nora bis zu Krogstads Erpressung nicht darüber bewusst zu sein. Damit entspricht sie dem Frauenbild des 19. Jahrhunderts, nach dem sich die Frau um das Häusliche zu kümmern hat und aus öffentlichen Belangen (u. a. geltendes Recht, Finanzen) ausgeschlossen bleibt.

■ Mangelnde Bildung

Dass Helmer sie ebenfalls aufrichtig liebt und Opfer für sie bringen würde, davon ist Nora fest überzeugt, wie sie gegenüber Dr. Rank verdeutlicht: »keinen Augenblick würde er zögern, sein Leben für mich hinzugeben« (S. 60). Doch sie irrt sich in ihrem Mann, der seine eigene Ehre letztlich über ihr Wohl stellt. Nora, die sich in Erwartung des »Wunderbare[n]« (S. 68), worunter sie die großmütige Selbstaufopferung Helmers durch die Übernahme ihrer Schuld als Zeichen seiner bedingungslosen Liebe versteht, das Leben nehmen will, um ihren Mann davor zu bewahren, wird am Ende bitter enttäuscht.

■ Täuscht sich in Helmer

■ Bereitschaft zur äußersten Aufopferung

Helmers Reaktion auf Krogstads Brief öffnet ihr die Augen über seinen wahren Charakter und die vergangenen acht Ehejahre. Erst jetzt reflektiert Nora die gemeinsame Beziehung in aller Schonungslosigkeit. Sie erkennt, dass ihre Ehe nur ein Spiel und sie nichts anderes als seine »Puppenfrau« (S. 95) gewesen ist, die sich jahrelang in ihm getäuscht hat, während sie seinen Ansprüchen und Wünschen widerstandslos gefolgt ist. Sie erklärt Helmer – in einem erstmals ohne Rücksicht auf sein Wohlergehen gefassten und ihm ehrlich mitgeteilten Entschluss –, dass sie fortgehen wird, um selbstständig zu werden und herauszufinden, wer »recht hat« (S. 98), was Geschlechterrollen und moralische Grundätze betrifft – sie oder die Gesellschaft. Dass sie gegen Konventionen verstößt, wenn sie Mann und Kinder verlässt und dass sie es als alleinstehende mittellose Frau zukünftig nicht leicht haben wird, hält Nora nicht von ihrer Entscheidung ab.

■ Noras Erkenntnis und Emanzipation

Torvald Helmer

Torvald Helmer ist Jurist und Familienvater, seine familiäre Herkunft bleibt unbekannt. Über geerbtes Vermögen verfügt er vermutlich nicht, andernfalls hätte die Familie die lebensnotwendige Italienreise aus Rücklagen finanzieren können, was darauf schließen lässt, dass er nicht der wohlhabenden Oberschicht entstammt.

Stattdessen hat Helmer sich hochgearbeitet: Seine

Stelle im Ministerium gab er auf, weil sie ihm keine Karrieremöglichkeiten bot. Anschließend arbeitete er als Rechtsanwalt so viel, dass er ernsthaft erkrankte und die von Nora heimlich finanzierte Genesungsreise notwendig wurde (S. 16). Mittlerweile hat er sein Karriereziel erreicht; Helmer wird zu Jahresbeginn den Posten des Direktors in einer Aktienbank antreten, was ihm nicht nur eine glänzende finanzielle Zukunft in Aussicht stellt, sondern ihm auch zu hohem gesellschaftlichem Ansehen verhilft.

■ Helmer als Karrierist

Helmer repräsentiert die patriarchale Gesellschaft des Bürgertums mit ihren Wertvorstellungen, Normen und Konventionen. Dementsprechend hat er als Familienoberhaupt das Sagen und erwartet, dass Nora sich seinen Wünschen und Vorstellungen unterordnet. Ihre Bitte, Krogstads Kündigung ungeschehen zu machen, weist er rigoros ab und verdeutlicht, dass er keine Einmischung in seine Angelegenheiten duldet: »Und gerade dadurch, dass du für ihn eintrittst, machst du es mir unmöglich, ihn zu behalten.« (S. 53) Sein Autoritätsgehabe wird ebenfalls deutlich, als er nicht gelten lassen will, dass Nora seinen sexuellen Annäherungsversuch ablehnt: »Was soll das bedeuten? Du treibst wohl Scherz mit mir, kleine Nora? Will, will? Bin ich nicht dein Mann –?« (S. 83)

■ Autoritäres Familienoberhaupt

Helmer nimmt Nora, die er durchgängig auf liebevoll-galante – aber eben auch verniedlichende Weise – mit tierischen Kosenamen anspricht, nicht wirklich ernst. Er sieht seine Ehefrau vielmehr als schönen Schmuck an, der ihm zur Zerstreuung, Unterhaltung

■ Helmer als
Ästhet

und Aufwertung seines Ansehens dient, für ihn singen und tanzen soll. Als Ästhet, der einen »ausgeprägten Widerwillen gegen alles Hässliche« (S. 57) hat, verbietet er Nora, Makronen zu essen, denn er fürchtet, sie könnte »schlechte Zähne davon bekommen« (S. 28). Er lehnt das Stricken ab, wie er Frau Linde gegenüber erläutert, denn die Bewegung sehe »immer unschön aus« (S. 81), und Dr. Ranks Bitte, Helmer den Zutritt zu seinem Sterbezimmer zu verwehren, steht ebenfalls im Zusammenhang mit dessen Abneigung gegen alles Unschöne.

■ Besitz-
ergreifende
Liebe

Helmer liebt seine Frau auf eine besitzergreifende Weise, sodass er zu Beginn der Beziehung »geradezu eifersüchtig« war, wenn sie nur den Namen einer ihrer »Lieben daheim nannte« (S. 49). Er bezeichnet Nora als sein »teuerstes Gut« (S. 82), das ihm allein gehöre und das er entsprechend gedenkt, in seinem Sinne zu erziehen. Besonders deutlich wird dies im dritten Akt:

> »Es liegt für einen Mann etwas unbeschreiblich Süßes und Befriedigendes in dem Bewusstsein, seiner Frau vergeben zu haben – aufrichtig, von ganzem Herzen. Sie wird ja dadurch doppelt sein Eigentum, ist gleichsam neu geboren durch ihn; sie ist nun gewissermaßen zugleich seine Frau und sein Kind.« (S. 93)

■ Borniert
und ohne
Mitgefühl

Torvald Helmer ist der negativ gezeichnete, kleinliche und borniert wirkende ›Saubermann‹, der wenig Mitgefühl für andere zeigt. So ist es ihm gleichgültig, dass die Kündigung Krogstad, einen alleinerziehenden mehrfachen Familienvater, den er seit der Jugendzeit kennt, die Möglichkeit seiner bürgerlichen Rehabilitation kostet. Helmer trifft diese Entscheidung ausschließlich aus persönlichen Befindlichkeiten heraus; er begründet sie Nora gegenüber unter anderem damit, dass ihn das Duzen und der familiäre Tonfall seiner Jugendbekanntschaft Krogstad in Anwesenheit anderer störe: »Ich muss dir gestehen, dass so etwas mich höchst peinlich berührt. Er würde mir meine Stellung bei der Bank unerträglich machen.« (S. 54)

Helmer ist vor allem an seinem eigenen Wohl interessiert; seine Ehre und sein bürgerliches Ansehen gehen ihm über alles. Sie sind ihm auch wichtiger als das Wohlergehen seiner Frau, wie am Ende des Stücks deutlich wird. Obwohl Nora aus Liebe zu ihm Opfer gebracht und damit sein Leben gerettet hat, beschimpft er sie als »Heuchlerin«, »Lügnerin« und »Verbrecherin« (S. 89), die sein ganzes Glück vernichtet und seine Zukunft verdorben habe. Im Gespräch über Krogstads Entlassung versicherte er Nora noch, dass er Mann genug sei, alles auf sich zu nehmen; kurz vor der Enthüllung ihres Geheimnisses beteuert er sogar: »Weißt du Nora – manchmal wünsch ich, es möchte dir eine wirkliche Gefahr drohen, damit ich Leib und Leben und alles, alles für dich aufs Spiel setzen kann!« (S. 87 f.)

Als er Gelegenheit bekommt, seinen Worten Taten folgen zu lassen, zeigt er jedoch sein wahres Gesicht: »Was würde es mir denn nützen, wenn du nicht mehr

■ Nur an eigenem Wohl interessiert

bist [...]? Nicht das Allergeringste!« (S. 90), ruft er mitleidlos aus, als Nora ihren Plan zum Suizid andeutet. Helmer wird als Egozentriker gezeichnet, der sich selbst und anderen etwas vormacht. Als er Krogstads Brief mit dem Schuldschein öffnet, ruft er aus: »Ich bin gerettet! Nora, ich bin gerettet!« (S. 91) – an seine Frau, die sich das Leben nehmen wollte, um ihn vor einem Schuldvorwurf zu bewahren, denkt er in diesem Moment nicht.

■ Demaskierung: Egozentriker

Helmers Hang zu Illusionen wird dadurch deutlich, dass er Problematisches häufig nicht ahnt oder wahrhaben will: So ahnt er bereits zu Beginn der Ehe nichts von der Schwere seiner Krankheit und glaubt all die Jahre über, Noras Vater habe ihnen die Genesungsreise finanziert. Er argwöhnt nichts von Krogstads Erpressungsversuch und Noras Belastung über die Weihnachtsfeiertage und will später ihr Leid und ihren Wunsch, ihn und die Kinder zu verlassen, nicht wahrhaben.

■ Wunschdenken

Nebenfiguren

Christine Linde

Christine Linde ist eine um ein paar Jahre ältere Freundin Noras (S. 49). Die beiden kennen sich aus der Schulzeit, haben sich jedoch seit zehn Jahren nicht mehr gesehen (S. 14). Sie ist in die Stadt gekommen, um nach Arbeit zu suchen, und bittet Nora um Unter-

stützung. Helmer verspricht Frau Linde durch das Zutun Noras Krogstads Stelle in der Aktienbank. Im Verlauf des Stücks wird sie zu Noras engster Vertrauten. ■ Noras
Sie ermahnt ihre Freundin mehrfach zur Offenheit Vertraute
gegenüber Helmer und bietet ihre Hilfe an, als sich
der Konflikt zuspitzt.

Frau Lindes Schicksal unterscheidet sich stark von ■ Frau Lindes
dem Noras, denn im Gegensatz zu ihrer Freundin hat Vergangenheit
sie nicht aus Liebe geheiratet. Sie ist eine Vernunftehe
mit einem wohlhabenden Mann eingegangen, um ihre kranke Mutter und ihre beiden Brüder durchzubringen. Gefühle hatte sie für Krogstad, entschied
sich jedoch zur Trennung, da seine finanzielle Zukunft zu dieser Zeit ungewiss war (S. 75). Drei Jahre
vor Beginn der Handlung ist Frau Linde Witwe geworden, hinterlassen hat ihr Mann nichts, keine Kinder und auch kein Geld, da er unsichere Geschäfte betrieb (S. 14 f., 18).

Seither hat sie sich und ihre Familie mit Gelegen- ■ Tätigsein für
heitsarbeiten über Wasser gehalten, wie sie ihrer andere
Freundin erzählt:

»Die letzten drei Jahre waren für mich ein einziger
langer, ruheloser Arbeitstag. Nun ist er zu Ende,
Nora. Meine arme Mutter braucht mich nicht mehr,
denn sie ist gestorben. Und die Jungen auch nicht;
sie haben nun ihre Stellung und können für sich
selber sorgen.« (S. 18)

Doch statt sich erleichtert zu fühlen, verspürt Christine Linde eine Leere, da sie niemanden hat, für den sie leben und arbeiten kann.

Sie hat noch immer Gefühle für Krogstad, mit dem sie damals schweren Herzens gebrochen hat. Obwohl sie um seine schwierige gesellschaftliche Stellung weiß, möchte sie einen neuen Versuch wagen: »Ich brauche jemanden, für den ich Mutter sein kann; und Ihre Kinder brauchen eine Mutter. Wir beide brauchen einander. Krogstad, ich hab Vertrauen zu dem guten Kern in Ihnen; – ich wage alles, zusammen mit Ihnen.« (S. 77) Frau Linde glaubt daran, dass Krogstad in ihrem Beisein zu gutmütigerem Verhalten finden wird.

■ Neuanfang mit Krogstad

Es kennzeichnet Frau Linde jedoch nicht nur ein Vertrauen in andere, auch sie selbst tritt sicher und entschlossen auf – ein Verhalten, das im Kontrast zur bisweilen von Selbstzweifeln geplagten Nora und den Rollenerwartungen an die Frau als »kleines, ratloses, hilfloses Wesen« (S. 93) steht. Krogstads Vorwürfe kontert sie entschieden: »Ich hatte damals keine andere Wahl« (S. 76), und dieser stellt in Bezug auf ihr Angebot einer Beziehung fest: »Das sagen Sie mit voller Überlegung!« (S. 77)

■ Selbstsicher und überlegt

Die Figur der Frau Linde übernimmt die Aufgabe des sogenannten »Boten aus der Fremde« – ein typisches Element des naturalistischen Dramas, dessen Funktion es ist, den Konflikt und seine Umstände aus der Distanz zu betrachten und den notwendigen Handlungsanstoß zu geben: Sie erkennt die Brüchig-

■ »Bote aus der Fremde«

keit der nur scheinbar stabilen Ehe der Helmers, die auf Lügen und Geheimnissen aufgebaut ist, ebenso durchschaut sie Dr. Ranks Gefühle für Nora. Indem sie Krogstad im entscheidenden Moment davon abhält, seinen Brief an Helmer ungelesen zurückzuverlangen, treibt sie die Auflösung des Konflikts in wohlwollender Absicht voran: »Es muss zwischen den beiden zu einer offenen Auseinandersetzung kommen; bei all dieser Verheimlichung und diesen Ausflüchten kann es unmöglich bleiben.« (S. 78)

Nils Krogstad

Krogstad ist Witwer und mehrfacher Vater (S. 26). Er ist ebenso wie Helmer Jurist, die beiden kennen sich aus der Jugendzeit und duzen einander, was Helmer unangenehm ist (S. 53 f.). Krogstad, der zunächst als Anwaltsgehilfe angestellt war und Nora das Geld für die lebensnotwendige Genesungsreise Helmers lieh, missglückte der berufliche und soziale Aufstieg anschließend, denn er fiel durch unsaubere Geschäftspraktiken auf. Er beging vor Jahren eine »Unbesonnenheit« (S. 35), nämlich Urkundenfälschung – dasselbe Vergehen, das er nun Nora vorwirft und mit dem er sie zu erpressen versucht. Krogstad stand zwar nicht vor Gericht, verlor jedoch, gerade weil er sich nicht offen zu seinen Vergehen bekannte und sich mit »Kniffen und Kunstgriffen« (S. 43) aus der Affäre stahl, an Ansehen und hatte in der Folge Probleme, ein Einkommen zu finden.

■ Unsaubere Geschäftspraktiken

Nun hat er eine untergeordnete Stellung in der Aktienbank Helmers inne, fürchtet jedoch, von diesem als seinem neuen Chef gekündigt zu werden. Er ist bereit, auch mit unlauteren Mitteln um seine Stelle zu kämpfen, da diese ihm äußerst wichtig für seine gesellschaftliche Rehabilitation und damit für das Ansehen seiner Familie erscheint:

■ Gesell-
schaftliche
Stellung

>»Meine Söhne wachsen heran; um ihretwillen muss ich versuchen, wieder so viel bürgerliche Achtung wie möglich zu gewinnen. Diese Stelle bei der Bank war gewissermaßen die erste Stufe für mich. Und nun will Ihr Mann mich wieder von der Treppe in den Schmutz zurückstoßen!«< (S. 35)

Um Nora dazu zu bringen, sich bei Helmer für seinen Verbleib in der Bank einzusetzen, erpresst er sie: Er macht sie auf den »merkwürdigen Umstand« (S. 37) aufmerksam, dass die Unterschrift ihres Vaters auf dem Schuldschein für ihr Darlehen auf drei Tage nach dessen Tod datiert ist. Nachdem er Nora der Urkundenfälschung überführt und Druck auf sie ausgeübt hat, macht er sich aber auch Sorgen um ihr Wohlergehen – er fürchtet, sie könne sich in ihrer Verzweiflung etwas antun. Krogstad besucht Nora darum ein zweites Mal und versichert ihr, die Unterschriftenfälschung nicht zur Anzeige zu bringen. Krogstad geht es nicht ums Geld, sondern lediglich um die Sicherung des guten Rufes seiner Familie durch eine höhere Stellung in der Aktienbank (S. 65 f.). Dass er dabei

■ Erpres-
sungsver-
such

■ Mitgefühl

zum Größenwahn tendiert, zeigt seine Vorstellung, bald nicht nur eine sichere Stelle bei der Bank innezuhaben, sondern dort in leitender Funktion tätig zu sein (S. 66).

■ Größenwahn

Krogstad führte vor seiner Heirat eine Beziehung mit Christine Linde, die ihn damals für einen wohlhabenderen Mann verließ. Seit der Trennung ist es ihm schlecht ergangen: »Als ich Sie verlor, da war's mir, als glitte mir aller feste Boden unter den Füßen weg. Sehen Sie mich an; jetzt bin ich ein schiffbrüchiger Mann auf einem Wrack.« (S. 75) Im Hause der Helmers begegnen sich die beiden wieder und sprechen offen miteinander. Frau Linde gesteht ihm ihren Wunsch nach einem Neuanfang und Krogstad schöpft Hoffnung. Er bereut seine Erpressung und ist dazu bereit, den Schuldschein zurückzugeben.

■ Beziehung zu Frau Linde

■ Reue

Dr. Rank

Dr. Rank ist ein enger Hausfreund der Helmers, er »gehört gewissermaßen zur Familie« (S. 48). Als bester Jugendfreund Helmers und Bewunderer Noras stattet der Junggeselle den beiden täglich einen Besuch ab. Nora erscheint der nach einem späten Erbe vermögende Hausfreund (S. 50) nach Krogstads Erpressungsversuch als mögliche Rettung. Sie möchte ihn um Geld bitten, um den Schuldschein wiederzuerlangen. Ihre Koketterie führt jedoch zu einem offenen Liebesgeständnis von Seiten Dr. Ranks, was Nora die Bitte um Geld unmöglich macht: Einen heimli-

■ Vermögender Junggeselle

chen Verehrer in die eigene finanzielle Notsituation einzuweihen und um Unterstützung zu bitten, wäre ein Verstoß gegen gesellschaftliche Konventionen.

Ebenso wie Helmer tendiert Dr. Rank dazu, gesellschaftliches Fehlverhalten erbarmungslos zu verurteilen. Bei seinem ersten Auftritt bezeichnet er Krogstad als »moralische[n] Fall fürs Krankenhaus« (S. 27) und warnt vor Menschen, die sich, auf den eigenen Vorteil bedacht, in fremde Angelegenheiten einmischen

- ■ Urteilt über andere

Dr. Rank, der als Arzt um die Gesundheit seiner Patientinnen und Patienten bemüht ist, ist selbst todkrank. Er leidet unter Rückenmarksschwindsucht, einer schwerwiegenden, unheilbaren Erkrankung, die das Rückenmark infolge der sexuell übertragbaren Krankheit Syphilis befällt. Seine Erkrankung führt er auf das ausschweifende Leben seines Vaters zurück, »der sich Geliebte und dergleichen hielt« (S. 48). Dr. Rank hält es für ungerecht, dass er für die Taten seines Vaters ›büßen‹ muss. Er stellt gleichsam eine Personifikation der Vererbungstheorie, wie sie sich seit Darwin durchgesetzt hat und Ende des 19. Jahrhunderts bestimmend wurde, dar (siehe auch das Kapitel 5: »Quellen und Kontexte« dieses Lektüreschlüssels, S. 62). In seinem Leiden findet sich das Motiv der Auswirkung schlechten elterlichen Verhaltens auf Kinder wieder, wie es Helmers Weltsicht prägt. Während Dr. Ranks Leiden jedoch eine körperliche, medizinisch nachweisbare Ursache hat, die vom Vater an den Sohn weitergegebene Syphilis, sind Helmers An-

- ■ Syphilis als ›Buße‹ für Sünden des Vaters

- ■ Personifikation der Vererbungstheorie

nahmen bezüglich der von Noras Vater an Nora »vererbt[en]« (S. 11) Verschwendung und der Übertragbarkeit von hässlichem Verhalten, etwa Lügerei, von Müttern auf Kinder (S. 43), fraglich.

Im Gegensatz zu Helmer, der zur Selbsttäuschung neigt, macht Dr. Rank sich keine Illusionen über seinen tatsächlichen gesundheitlichen Zustand: »Es hat keinen Sinn, sich selbst zu belügen. Ich bin der elendeste meiner Patienten, Frau Helmer.« (S. 56) Da sich Dr. Rank bewusst ist, dass Helmer einen »Widerwillen gegen alles Hässliche« (S. 57) hegt, möchte er ihn schonen – aber auch sonst möchte er seine Umwelt nicht an seinem Sterben teilnehmen lassen. In seinem Krankenzimmer möchte er darum niemanden empfangen und weiht nur seine Vertraute Nora in seinen bevorstehenden Tod ein. Er verabschiedet sich durch gewitzte, subtile Anspielungen und durch eine Visitenkarte mit einem Kreuz darauf als Zeichen dafür, dass es mit ihm zu Ende geht (S. 87).

■ Realistische Selbstprognose

■ Wunsch nach einsamem Sterben

■ Witz

Anne-Marie

Das Kindermädchen Anne-Marie ist die einzige Bedienstete, die im Figurenverzeichnis namentlich aufgeführt wird. Dass sie auch für Nora eine Sonderstellung einnimmt, wird bereits zu Beginn des Dramas deutlich, als Nora hinsichtlich der gekauften Weihnachtsgeschenke anmerkt: »unsere alte Anne-Marie sollte eigentlich viel mehr bekommen« (S. 10). Das Kindermädchen hat als Amme bereits für Nora die

■ Mutterersatz für Nora

Mutterrolle übernommen. Später, wenn Nora ihr Heim verlässt, wird sie diese Rolle mutmaßlich auch für Noras Kinder einnehmen.

Anne-Marie hat nur zwei Auftritte im Stück, nämlich am Ende des ersten und zu Beginn des zweiten Akts, wo ihr Schicksal deutlich wird. Sie wurde als **■ Ungewollte Schwangerschaft** unverheiratete junge Frau ungewollt schwanger, vom Vater des Kindes erhielt sie keine Unterstützung. Daher nahm sie die Stelle als Amme an und gab ihr eigenes Kind weg, eine Entscheidung, über die sie sich nicht verbittert, sondern froh zeigt: »Wenn ich doch eine so gute Stelle bekommen konnte! Ein armes Mädchen, das ins Unglück geraten ist, muss noch froh darüber sein. Denn der schlechte Mensch tat ja gar nichts für mich.« (S. 46)

■ Bedeutung der Figur für das Stück

Ihre Figur ist insofern bedeutend, als ihre Entscheidung, ihr Kind wegzugeben, eine Parallele in Noras Entschluss findet, ihre Familie zu verlassen. In Nora reift vermutlich bereits der Plan fortzugehen, als sie ihre Amme nach deren Vergangenheit befragt. Deren Zufriedenheit mit ihrem Entschluss kann somit als Bestärkung Noras, Mann und Kind zu verlassen, betrachtet werden. Gleichzeitig ermöglicht Anne-Marie Nora die Umsetzung dieser Entscheidung, da Nora weiß, dass sich ihre ehemalige Amme liebevoll um ihre Kinder kümmern wird.

4. Form und literarische Technik

Das analytische Drama

Henrik Ibsens *Nora* ist ein analytisches Drama in drei Akten: Die den Konflikt auslösenden Geschehnisse liegen in der Vergangenheit der Figuren, weit vor der dargestellten Gegenwart. Sie sind zunächst unbekannt und werden erst im Verlauf des Dramas Stück für Stück enthüllt. Die dargestellte Bühnenhandlung des analytischen Dramas konzentriert sich sowohl auf die genauen Ursachen für den Konflikt als auch auf dessen Zuspitzung – und somit auf die Katastrophe. Es gibt zwei Ebenen, die eng miteinander verknüpft sind: Einerseits die Vorgeschichte, deren Folgen in die Gegenwart der Figuren hineinreichen, und andererseits ebendiese Gegenwart, das unmittelbare Bühnengeschehen, in dem die Vorgeschichte analytisch enthüllt wird, wobei sich die Enthüllung des Vergangenen wiederum auf die dargestellte Gegenwart der Figuren auswirkt.

■ Beziehung von Vergangenheit und Gegenwart

    Die Ursache des Konflikts, der sich im Verlauf der Handlung immer weiter zuspitzt, ist eine von Nora vor Jahren begangene Urkundenfälschung. Sie hat heimlich einen Kredit aufgenommen und hierfür die Unterschrift ihres Vaters gefälscht, um ihrem Mann eine Genesungsreise zu finanzieren und ihm so das Leben zu retten. Mit Christine Lindes Erscheinen im ersten Akt erfolgt der Anstoß zur analytischen Handlung: Die Zuschauerinnen und Zuschauer er-

fahren von Noras Geheimnis der heimlichen Kredit-
aufnahme; das Vergehen der Urkundenfälschung
bleibt jedoch weiterhin im Verborgenen und wird
erst im Gespräch mit Krogstad gegen Ende des ersten Akts enthüllt. Dieses Verfahren der allmählichen
Enthüllung erstreckt sich auch auf die Figurenbeziehungen, die, in der Vergangenheit wurzelnd, nach
und nach sichtbar werden und die dargestellte Bühnenhandlung nicht nur beeinflussen, sondern auch
für die Zuschauerinnen und Zuschauer verständli-
cher machen.

■ Sukzessive
Enthüllung
der Vorge-
schichte

Die Dramenstruktur in *Nora*

Das Drama ist in drei Akte gegliedert, eine weitere
Unterteilung in Szenen erfolgt nicht. Der Aufbau
weicht vom klassischen Dramenmodell nach Aristoteles schon insofern ab, als die Ursache des Konflikts
in die Vorgeschichte verlegt wird und es keine ein-
deutige Lösung, sondern ein offenes Ende gibt.

■ Drei Akte
ohne
Szenen-
einteilung

Dennoch finden sich in *Nora* wesentliche drama-
turgische Elemente des aristotelischen Dramas. Im
ersten Akt werden in einer Exposition alle handlungstragenden Figuren eingeführt. Die Zuschauerinnen und Zuschauer erfahren von Noras Geheimnis, das durch Krogstads Erpressungsversuch als Konflikt in der Gegenwart bedeutsam wird. Die Spannung
zwischen Nora und Helmer steigt durch das Gespräch
über den schädlichen Einfluss von Lügen auf Heim
und Kinder, sodass Nora am Ende des ersten Akts von

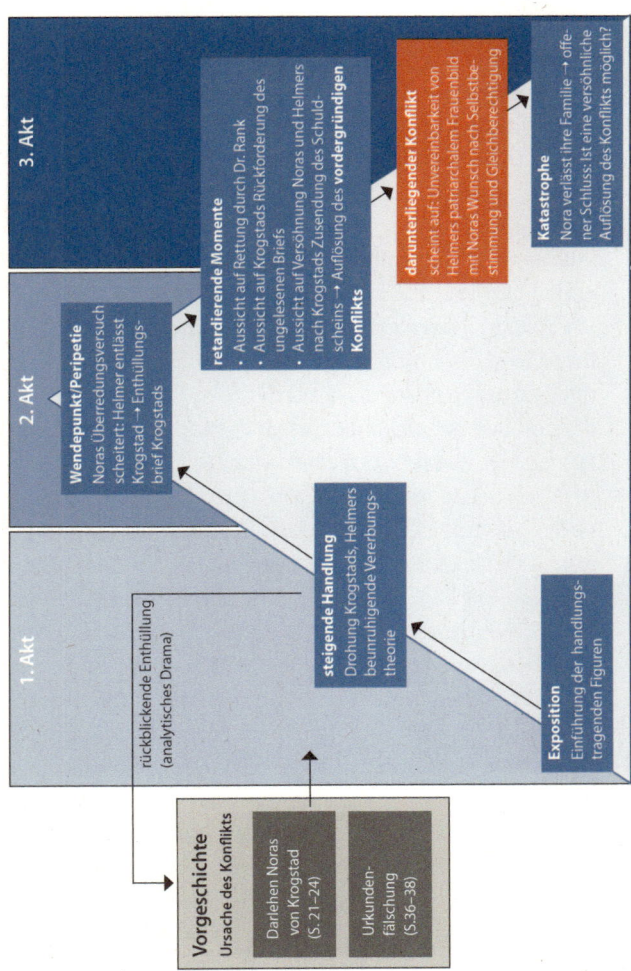

Abb. 3: Übersicht über den Dramenaufbau

Krogstads Drohungen und Helmers Worten verunsichert und verängstigt ist.

Peripetie in der Mitte des Dramas

Im zweiten Akt findet sich die Peripetie, die den Höhepunkt der Spannung darstellt: Nora versucht, auf Helmer einzuwirken, um Krogstads Entlassung zu verhindern, womit sie jedoch das Gegenteil bewirkt. Durch Krogstads Besuch und seinen Brief an Helmer wird sie sich ihres nahenden Untergangs vollends bewusst. Die Handlung fällt nun kontinuierlich Richtung Katastrophe ab, wobei Ibsen mehrere Möglichkeiten einer positiven Lösung des Konflikts eröffnet – so die Rettung durch Dr. Rank oder die Rückforderung des ungelesenen Briefes durch Krogstad – die jedoch alle wieder verworfen werden.

Bereits dies verdeutlicht, was durch das Gespräch von Nora und Helmer im dritten Akt vollends zutage tritt: Die das Drama im Wesentlichen bestimmende Problematik liegt nicht ausschließlich in Noras heimlicher Kreditbeschaffung inklusive Unterschriftenfälschung begründet, sondern auch wesentlich im Verhältnis der beiden Ehepartner mit ihren unterschiedlichen Auffassungen von Liebe und Partnerschaft, in denen sich einerseits der Wunsch nach Gleichberechtigung abzeichnet, andererseits die Geschlechterverhältnisse des patriarchalen Bürgertums

Katastrophe als offenes Ende

aufscheinen. Die Katastrophe tritt unweigerlich ein: Nora verlässt ihr Heim. Ibsen lässt mit diesem Schluss bewusst offen, ob es Nora gelingt, sich zu einer eigenständigen Persönlichkeit zu bilden, und ob das »Wunderbarste« (S. 102), eine Versöhnung Noras und Tor-

valds als zweier gleichberechtigter Ehepartner, eintreffen kann.

Die Handlung umfasst knapp drei Tage und erstreckt
sich über die Weihnachtsfeiertage vom Mittag des Hei-
ligabends bis zur Nacht des zweiten Weihnachtsfeiertags. Durch den Rahmen des Weihnachtsfests wird ei-
ne zeitliche Einheit hergestellt und zugleich auf den ■ Einheit von
privaten Charakter der Handlung verwiesen. Obwohl   Zeit und Ort
sich die Familientragödie ausschließlich im Wohnzimmer der Familie Helmer abspielt, weist das Bühnenbild
durch eine Tür zu Helmers angrenzendem Arbeitszimmer bereits über diesen intimen Rahmen hinaus auf
die öffentliche Sphäre, die eine nicht zu unterschätzen-
de Rolle innerhalb des Dramas einnimmt.

Sprache und stilistische Mittel

Sprachliche Gestaltung

Ibsen verwendet – wie für das naturalistische soziale
Drama üblich – eine einfache, leicht verständliche
Sprache. Er lässt die Figuren in ihrer Alltagssprache ■ Alltags-
und in überwiegend syntaktisch einfachen, kurzen   sprache
Sätzen sprechen. Hypotaktische Fügungen sind zumeist einfach gehalten (z. B. »Die Sache kam nicht
vor's Gericht, aber alle Wege waren mir von diesem
Augenblick an wie versperrt«, S. 35); parataktische Fügungen bestehen zumeist aus kurzen Hauptsätzen,
die häufig durch Semikolon abgetrennt werden (z. B.

»Bei mir war's nicht möglich; mein Zimmer hat keinen eigenen Eingang. Kommen Sie herein; wir sind ganz allein; das Mädchen schläft«, S. 74). Komplexere hypotaktische Satzgefüge finden sich überwiegend in den Dialogen mit ernsthaftem Charakter, beispielsweise im Gespräch von Christine Linde und Krogstad zu Beginn des dritten Akts sowie im letzten Gespräch des Ehepaares Helmer am Ende des Dramas:

■ Komplexe Syntax bei ernsten Gesprächen

> »Als dein Schreck vorüber war – nicht über das, was *mir* drohte, sondern über das, was dir bevorstand – und als dann nichts mehr zu fürchten war – da war's in deinen Augen, als sei gar nichts geschehen.« (S. 100)

■ Dialogform und Noras Monologe

Der Dialog ist im Drama vorherrschend; lediglich Nora spricht einige kurze, bruchstückhafte Monologe, die meist nur aus wenigen Sätzen bestehen. Sie dienen dazu, ihren desolaten Seelenzustand und ihre Verzweiflung zu verdeutlichen. Insgesamt sechs Monologe Noras geben den Zuschauerinnen und Zuschauern Einblick in ihre Gedanken und Gefühle und sind immer an Stellen im Dramenverlauf platziert, die sie besonders aufwühlen. Der erste (sieht man einmal von Noras knapper Feststellung der Anwesenheit Helmers zu Beginn des Stückes, S. 8, ab) ist ein kurzer Monolog mit elliptischer Syntax und findet sich nach Noras erstem Gespräch mit Krogstad (S. 39); die nächsten beiden nach Helmers Aussagen über den schädlichen Einfluss von Lügen auf Kinder (S. 44 f.);

der vierte findet im Anschluss an das Gespräch mit Helmer über Krogstads Kündigung statt, durch die ihr Schicksal besiegelt zu sein scheint (S. 55); im fünften Monolog am Ende des zweiten Akts zählt Nora die Stunden, die ihr noch zu leben bleiben (S. 73), und in ihrem letzten Monolog nach dem Maskenball nimmt sie, ihren bevorstehenden Selbstmord vor Augen, Abschied von ihrer Familie (S. 88).

Die Monologe bringen durch rhetorische Stilmittel Noras jeweilige Gemütsverfassung zum Ausdruck: Kurze Hauptsätze, parataktische Fügungen, Repetitionen, Ellipsen und Ausrufe bringen ihre Aufregung zur Geltung. Die Sätze sind teilweise durch Ellipsen, die durch Gedankenstriche kenntlich gemacht werden, unterbrochen oder schließen, unvollendet, mit diesen ab:

■ Gestaltung der Monologe

> NORA *(vor Angst verstört, steht wie angewurzelt da, flüstert).* Er ist imstande, es zu tun! Er tut es. Ja, er tut es, trotz allem und allem. – Nein, niemals, nur das nicht! Lieber alles andere! Rettung –! Ein Ausweg – (S. 55)

Regieanweisungen

Eine besondere Bedeutung kommt den Regieanweisungen zu, die nicht nur zu Aktbeginn teils recht ausführlich das jeweilige Bühnenbild beschreiben. Während die Regieanweisungen in klassischen Dramen recht dürftig ausfallen – antike Dramen sind sogar gänzlich ohne Regieanweisungen überliefert und wurden bisweilen nachträglich mit diesen versehen –, transportieren sie in *Nora* nicht nur wichtige Informationen, sondern sind auch in die Motivik und Symbolik des Dramas eingebunden.

■ Das Büh- nenbild

Das Bühnenbild stellt das Wohnzimmer der Familie Helmer dar und wird in der Regieanweisung zu Beginn des ersten Aktes detailliert beschrieben. Es ist ein »*gemütlich und geschmackvoll, aber nicht luxuriös eingerichtetes Wohnzimmer*« (S. 7), dessen Mobiliar dem zeitgenössischen Geschmack und den Möglichkeiten des gehobenen Mittelstandes entspricht. Es beherbergt ein Pianoforte, ein kleineres Klavier, das Dr. Rank im zweiten Akt dazu dient, Noras Tarantella zu begleiten. Bis ins 20. Jahrhundert hinein hatte das Klavier innerhalb der bürgerlichen Familie einen besonderen Stellenwert, da es Bildung und ein Interesse an Kunst verkörperte, wie sie der bürgerlichen Schicht entsprachen.

■ Symboli- scher Raum

Der familiäre Wohnraum, der zunächst auf den privaten Charakter der Handlung schließen lässt, grenzt durch eine Verbindungstür an Helmers Arbeitszimmer, wodurch das Bühnenbild von der rein familiär-privaten auf die beruflich-öffentliche Sphäre verweist,[5] die dem Mann zugeordnet ist und deren Schwelle Nora in der Vergangenheit zu überschreiten gewagt hat. Die Verzahnungen von Öffentlichem und Privatem, von Familiärem und Beruflichem, von Geld und Liebe, wie sie das gesamte Drama durchziehen

5 Keel (s. Anm. 4), S. 72.

und für Noras Grenzüberschreitung zentral sind, werden bereits durch das in den Regieanweisungen beschriebenen Bühnenbild angedeutet.

Der Weihnachtsbaum erfüllt als Teil der Bühnenausstattung verschiedene Funktionen: Er dient der zeitlichen Organisation im Drama, gibt Hinweise auf den zeitlichen Verlauf, indem er zu Beginn des ersten Aktes zunächst geliefert wird, zu Beginn des zweiten Aktes aber, wie die Regieanweisungen verraten, bereits »*geplündert und zerzaust*« (S. 45) ist. Auch verweist er symbolisch auf Noras Lage, die sich im Verlauf des Weihnachtsfests zunehmend verschlechtert: Zu Beginn ist sie voller Vorfreude auf ein harmonisches Fest und zukünftiges Familienglück; zu Beginn des zweiten Aktes schwindet ihre Hoffnung und sie ist aufgewühlt und angsterfüllt. Es ist bezeichnend, dass die Familienidylle gerade an Weihnachten als Schein entlarvt wird und sich anstelle des »Wunderbare[n]« (S. 68) als Beweis echter Liebe ein »Abgrund« (S. 100) zwischen den Eheleuten auftut.

Der Weihnachtsbaum

Innerhalb der Dialoge verdeutlicht Ibsen mit Hilfe von Regieanweisungen den Gemütszustand und die Innenwelt der Figuren. Die Regieanweisungen geben Aufschluss über den Tonfall der zu sprechenden Worte, die Körperhaltung, Bewegungen sowie Gestik und Mimik der Figuren.

Innenwelt der Figuren wird plastisch

Besonders deutlich wird dies bei Nora, in deren Körpersprache sich positive wie negative Befindlichkeiten ausdrücken: So lächelt Nora beispielsweise und deutet damit an, dass sie mehr weiß als die anderen (S. 21);

Noras Körpersprache

Stolz, Trotz und Verletzung zeigt sie dadurch, dass sie ihren Kopf emporhebt oder zurückwirft (S. 19, 38 f., 44). Sie geht mehrfach unruhig auf und ab, springt oder schreit vor Schreck auf und klatscht vor Freude in die Hände (S. 13, 30, 32 f., 45, 88). In der Schlussszene, als Nora mit Helmers Vorwürfen konfrontiert wird und das wahre Wesen ihres Mannes erkennt, wirkt sie wie erstarrt: »NORA *(sieht ihn unverwandt an und sagt mit erstarrendem Ausdruck)*. Ja, jetzt fang ich an, es zu begreifen.« (S. 89). In der Folge spricht sie »*mit kalter Ruhe*« (S. 90) und »*bleibt unbeweglich stehen*« (S. 91). Wenige Seiten später folgt der berühmte Schlusssatz, ebenfalls eine Regieanweisung, welche die Irreversibilität von Noras Entscheidung bekräftigt: »*Man hört, wie unten eine Tür dröhnend ins Schloss fällt.*« (S. 102) Ibsen transportiert die Stimmungen der Figuren, die zentralen Themen des Dramas, also nicht nur mittels der Figurenrede, die Regieanweisungen geben ebenfalls wichtige Hinweise darauf.

■ Erstarrung in der Schluss-szene

In Ibsens *Nora* bekommen einige Begriffe leitmotivische Funktion. Die Motive der Maske und des Verstecks verdeutlichen symbolhaft die Unaufrichtigkeit der Figuren, während die Sprachbilder der Puppe und des Spiels Nora dazu dienen, ihre Unterdrückung anschaulich zu machen: Helmer betrachtet sie, einer Puppe ähnlich, als willen- und intelligenzlos und bloß zur eigenen Unterhaltung dienlich. Eine ausführliche Untersuchung dieser Motive erfolgt im Kapitel 6: »Interpretationsansätze« dieses Lektüreschlüssels, S. 102–104.

■ Symbolhaf-te Sprache

5. Quellen und Kontexte

Entstehungsgeschichte und *Nora*-Vorlage

Ibsen verfasste das Drama während seines Italienaufenthalts im Zeitraum von Oktober 1878 bis August
1879; die Buchausgabe erschien am 4. Dezember 1879
in Frederik Hegels Kopenhagener Gyldendal Verlag.
Dass die Idee zu *Nora* bereits im Frühjahr 1878 ent-   ■ Idee zu
stand, belegt Ibsens Korrespondenz mit seinem Ver-   *Nora*: Früh-
leger. In einem vom 5. Mai 1878 datierten Brief erklärt   jahr 1878
er gegenüber Hegel, dass er »mit dem Plan für ein
neues Schauspiel aus dem Leben der Gegenwart«[6] beschäftigt sei.

    Die schriftlich überlieferten Vorarbeiten wurden   ■ Schriftliche
von Didrik Arup Seip im achten Band von Ibsens   Vorarbeiten
Samlede verker (1933) veröffentlicht und später von
Angelika Gundlach übersetzt.[7] Enthalten sind – neben kleineren Bruchstücken – die auf den 19. Oktober
1878 datierten »Aufzeichnungen zur Gegenwartstragödie«, ein kurzer inhaltlicher Entwurf, in dem der
wesentliche Konflikt des Dramas sowie einige Hand-
lungszüge skizziert werden; ein undatierter »Szenen-
ablauf«, der in drei Handlungen (Akte) unterteilt ist
und eine ausführlichere Skizzierung des Inhalts bietet; sowie der in Dialogform verfasste »[e]rste [voll-

6 Henrik Ibsen, *Ein Puppenheim. Stück, Vorarbeiten,*
    Materialien, hrsg. und übers. von Angelika Gundlach,
    Frankfurt a. M. 1979, S. 254.
7 Ebd., S. 111–212.

ständige] Entwurf«, den Ibsen innerhalb von drei Monaten, vom 2. Mai 1879 bis zum 3. August 1879, verfasste. Ibsens Reinschrift, die ebenfalls überliefert ist, entspricht im Wesentlichen der gedruckten Fassung. Noch vor Fertigstellung seines Manuskripts war Ibsen davon überzeugt, dass dieses Stück auf großes Interesse stoßen wird. In einem Brief vom 2. September 1879 bat er seinen Verleger Hegel, sofort mit einem auflagenstarken Druck zu beginnen:

»Da diese Arbeit Probleme berührt, die man besonders zeitgemäß nennen muß, glaube ich, daß sie auf starken Absatz rechnen kann; und ich nehme nicht an, daß man ein Risiko eingeht, wenn man eine ziemlich hohe Auflage herstellt, so daß das Buch nicht gerade dann ausverkauft sein wird, wenn die Nachfrage am lebhaftesten ist.«[8]

Ibsen sollte recht behalten, *Nora* traf den Nerv der Zeit: Die erste Auflage von 8000 Stück (Dezember 1879) war innerhalb eines Monats vergriffen, bereits im Januar und März 1880 erschienen die zweite und dritte Auflage mit je 4000 und 2500 Exemplaren.[9]

■ *Nora* wird zum Bestseller

Grund für den Erfolg ist sicherlich die Relevanz der Thematik, denn Noras Schicksal berührt Probleme,

8 Gundlach (s. Anm. 6), S. 260.
9 Lena Kühne, *Ibsen im Spiegelkabinett. Verfremdung der Gesellschaftsdramen Henrik Ibsens in Parodien und verwandten Rezeptionsformen im deutschen und skandinavischen Sprachraum*, Wien 2004, S. 56.

die in der zeitgenössischen Gesellschaft Ibsens wurzeln. Daher verwundert es auch nicht, dass es eine reale Vorlage für die Figur der Nora gab: Sie ist der dänisch-norwegischen Schriftstellerin Laura Kieler, geb. Petersen (1849–1932), nachempfunden, mit der Henrik Ibsen – seit der Zusendung ihres ihm gewidmeten Erstlingswerks *Brands Töchter* (1869), einer Fortsetzung seines eigenen Stückes *Brand* (1866) – auch privat in Kontakt stand.[10]

■ Nora-Vorlage

Kurz nach ihrer Heirat 1873 erkrankte Laura Kielers Mann Victor an einer Lungenkrankheit. Die Ärzte empfahlen einen längeren Aufenthalt im Süden, den sie sich allerdings nicht leisten konnten, da ihr Mann als angehender Lehrer nur wenig verdiente. Da er sich weigerte, seinen Vater um Geld zu bitten, nahm Laura Kieler heimlich einen Kredit auf, für den ein Freund bürgte. Der Gesundheitszustand ihres Mannes verbesserte sich durch die Reise, doch ihre finanziellen Schwierigkeiten nahmen zu. Es gelang ihr nicht, durch das Schreiben von Zeitungsartikeln und Romanen die Schulden zurückzuzahlen. Sie nahm einen weiteren Kredit auf, für den ein entfernter Verwandter bürgte. Doch der Kredit verfiel, ihr Bürge war selbst in finanzielle Schwierigkeiten gekommen. Laura Kieler fälschte daraufhin einen Kredit und flog damit auf – ihr Mann reichte die Scheidung ein und ließ sie in eine psychiatrische Klinik einweisen. Zwei Jah-

■ Laura Kielers Geschichte

10 Gundlach (s. Anm. 6), S. 215–230.

re später kehrte sie auf seinen Wunsch hin zu ihm zurück.[11]

Ibsen erkundigte sich nach Laura Kielers Einweisung mehrfach bei seinem Verleger Hegel nach ihr, das letzte Mal im Oktober 1878, kurz vor der Niederschrift der ersten Vorarbeit zu *Nora*.[12] Die Parallelen waren auch für Ibsens Zeitgenossen offensichtlich genug, und so gingen Kielers eigene Lebensereignisse nach der Uraufführung am 21. Dezember 1879 durch die Presse, was für sie wenig erfreulich war. Im *Aftenposten* hieß es: »Die Geschichte ist wirklich wahr, wenn auch nicht in den Details, so doch in der Hauptsache«.[13]

Doch so ähnlich die Schicksale zunächst wirken, es finden sich entscheidende Unterschiede zwischen realer Vorlage und dichterischer Bearbeitung: Beide Frauen leihen sich heimlich Geld und fälschen eine Unterschrift, bei beiden kommt die Wahrheit ans Licht und führt zu einem ehelichen Eklat. Doch während Laura Kieler an ihrem Schicksal fast zerbrochen wäre, werden Nora dadurch die Augen geöffnet. Nora ist es, die ihre Ehe für beendet erklärt, obwohl Helmer sie anfleht zu bleiben. Sie sieht am Ende die Chance, sich zu emanzipieren, Mündigkeit zu erlan-

■ Presseberichte über *Nora*-Vorlage

■ Nora und Laura Kieler im Vergleich

11 Gundlach (s. Anm. 6), S. 327 f.
12 Ebd., S. 220.
13 Ebd., S. 221. Ibsen lehnte Laura Kielers über eine Freundin an ihn gerichtete Bitte nach einer öffentlichen Erklärung ab: »Eine Erklärung von mir, [...] ›daß sie nicht Nora ist‹, wäre sowohl bedeutungslos als auch lächerlich, nachdem ich ja nie das Gegenteil behauptet habe.« Ebd., S. 228.

gen und ein selbstbestimmteres Leben zu führen. Die Radikalität von Noras Entscheidung hat seinerzeit vielfach für Aufruhr gesorgt und führte u. a. dazu, dass das Stück an deutschen Theatern zunächst mit abgeändertem Schluss aufgeführt wurde. In dieser Fassung bricht Nora, von Helmer zu ihren Kindern gezerrt, vor diesen zusammen und entscheidet ihretwegen zu bleiben (siehe hierzu im Kapitel 8: »Rezeption« den Abschnitt »Deutsche Übersetzung und alternativer Schluss«, S. 125–127).

Historischer Kontext: Ökonomie und Literatur

In Norwegen führte das Ineinandergreifen besonderer politischer und kultureller Entwicklungen ab Mitte des 19. Jahrhunderts zu bedeutenden Veränderungen. Die seit 1380 bestehende Union mit Dänemark wurde 1814 infolge der Niederlage Dänemarks im Napoleonischen Krieg aufgegeben; von 1814 bis 1905 folgte eine Zwangsunion mit Schweden, in der die Norwegen sich schrittweise seine Unabhängigkeit eroberte.

■ Wandlungsprozesse

Folgen waren eine schnell fortschreitende Industrialisierung sowie die Gründung von Norwegens Zentralbank (Norges Bank), wodurch ein rascher Wechsel von einer eher ländlich geprägten Agrar- und Selbstversorgungswirtschaft zu einer hochentwickelten Industrie und Marktökonomie erfolgte. Der Finanzsektor, repräsentiert durch die Banken, gewann an Macht. Dieser tiefgreifende Wandlungsprozess spielte sich in

■ Rascher Wechsel zur Marktökonomie

kürzester Zeit ab: Norwegens Hauptstadt Christiania, das heutige Oslo, erlebte in den 1850er und 1860er Jahren durch aufblühenden Handel, Schifffahrt sowie den Bau von Eisenbahnen und Straßen einen enormen Aufschwung; bereits um 1875 hatte Norwegens Wirtschaft das Niveau anderer europäischer Länder erreicht.

Der rasche Übergang in die kapitalistische Klassengesellschaft kollidierte in Norwegen stärker als in anderen Ländern mit vorkapitalistischen Lebensformen und altbürgerlichen Moralvorstellungen. Die immense Strahlkraft, die das moderne skandinavische Drama auf die europäischen Kunstbewegungen und das deutsche Theater ausübte, ist darauf zurückzuführen, dass ihre Schriftstellerinnen und Schriftsteller die Verschärfung der sozialen Widersprüche zugespitzter erlebten und verarbeiteten als Künstler in anderen Ländern.

■ Verschärfung sozialer Widersprüche

Die damit einhergehenden sozialen Konflikte spiegeln sich in den Dramen der zweiten Hälfte des 19. Jahrhunderts, die soziale Probleme sichtbar werden lassen und zu einer kritischen Betrachtung und Auseinandersetzung auffordern. Die Figuren dieser Stücke sind nicht idealisiert, sondern real gestaltete Zeitgenossinnen, Bürger und Bäuerinnen aus dem 19. Jahrhundert, die mit Problemen konfrontiert sind, die die Welt und Wirklichkeit der Zuschauenden direkt betreffen.

■ Literarische Verarbeitung aktueller Konflikte

Die deutsche Rezeption des neuen skandinavischen Dramas, ab den 70er Jahren mit der Aufführung von Stücken der Autoren Bjørnstjerne Bjørnson, Henrik Ibsen und später auch August Strindberg, ist als Teil einer viel breiteren Wirkung skandinavischer Literatur und Kultur auf Deutschland am Ende des 19. Jahrhunderts zu verstehen: »Zitate aus Ibsen wurden Mode, junge Autoren versuchten auf sich aufmerksam zu machen, indem sie ihm ihre Werke widmeten; Kleidung, Wohnungseinrichtung, Namensgebung: überall zeigten sich Einflüsse einer radikal auftretenden skandinavischen Gegenkultur.«[14]

Einfluss des modernen skandinavischen Dramas

Ibsens gesellschaftskritische Gegenwartsstücke wurden neben den Werken von Émile Zola, später auch denen Lew Nikolajewitsch Tolstois, zum prägenden Vorbild für die Entwicklung des Naturalismus, der in den 70er Jahren des 19. Jahrhunderts entstand und dem in Deutschland bedeutende Autoren wie Gerhart Hauptmann, Hermann Sudermann, Max Halbe, Conrad Alberti, Arno Holz und Johannes Schlaf angehörten. Gemeinsam ist all diesen Autoren eine völlig neue Schonungslosigkeit, mit der Wirklichkeit abgebildet wird und soziale Missstände aufgedeckt werden. Die damit einhergehende Veränderung von Themen und Figurenkonstellationen rückt Menschen, die den unteren Ständen angehören oder sich am Rande der Gesellschaft bewegen, mit ihren Problemen in den Fokus; sie treten nun neben Vertretern der herrschenden Klasse, neben Bankangestellten und Ärzten, auf.

Ibsen als Vorbild des Naturalismus

Neue Themen und Figuren auf der Bühne

14 Dieter Bänsch, *Henrik Ibsen. Nora oder Ein Puppenheim,* Frankfurt a. M. 1991, S. 5.

■ Wissen-
schaftliche
Erkennt-
nisse

Zugleich fließen zeitgenössische wissenschaftliche Erkenntnisse in die literarischen Werke ein. Einflussreich waren hier vor allem Charles Darwins Vererbungstheorie und Hippolyte Taines Milieutheorie. Der Naturforscher Darwin vermutete in seinem Hauptwerk *On the Origin of Species* (1859), Individuen einer Art, die aufgrund bestimmter Eigenschaften in ihrer Umwelt besonders gute Chancen auf das eigene Überleben haben, hätten in der Regel mehr Nachkommen als schlechter angepasste Individuen, die früher stürben. Die Vererbung der vorteilhaften Eigenschaften an zahlreiche Nachkommen führe schließlich zu einer »natürlichen Selektion«, dem allmählichen Verschwinden jener Eigenschaften einer Art, die dem Überleben nicht dienlich sind. Nur die am besten für die Umwelt geeigneten Merkmale würden sich durchsetzen, sodass sich Arten bisweilen verändern könnten. Dass Vererbung ein virulentes Thema der Zeit war, zeigt Ibsen in *Nora* durch das Interesse Helmers an der Möglichkeit der Vererbung schlechter Charakterzüge und durch Dr. Ranks vom Vater ererbte Krankheit. Taine, Philosoph und Historiker, rückte einen anderen Aspekt in den Mittelpunkt seiner Forschung zur Entwicklung des Menschen: die soziale Umwelt. Von welcher Gesellschaft ein Mensch umgeben ist, sei für sein Verhalten entscheidend.

Programmatisch wurde Hermann Hettners Schrift *Das moderne Drama* (1852), das mit seiner Neubestimmung des Theaters den Nerv der Zeit traf. Hettner plädierte dafür, dass Dramen – auch Historiendramen – für die Gegenwart relevante Themen behandelten, die dem Publikum aus der eigenen Lebenswirklichkeit bekannt waren:

■ Hettners *Das moderne Drama*

> »Der Mensch sucht und findet in der Poesie immer nur sein eigenes Denken und Fühlen. Das Drama, das weiß schon Hamlet, soll daher der eigenen Zeit einen Spiegel vorhalten. Folglich sind nur solche Stoffe zur dramatischen Behandlung geeignet, die in innigster Wahlverwandtschaft zu den Stimmungen und Bedürfnissen des gegenwärtigen Zeitbewußtseins stehen.«[15]

Hettner fragte nach den konkreten Aufgaben des Dramas und favorisierte Stücke, die drängende politische und soziale Konflikte aufgriffen: »Das bürgerliche soziale Drama ist jetzt in diesem Sinne viel historischer als das historische Drama selbst.«[16]

Die literarischen Werke des Naturalismus sind als Studien angelegt und sollen eine wahrheitsgetreue Darstellung der Wirklichkeit liefern, ohne dabei das Unschöne auszuklammern. Der Naturlist Leo Berg schreibt in seinem Aufsatz anerkennend über Ibsen, dieser kämpfe mit jedem seiner Worte gegen die »Lüge«, die beschönigte, geglättete Darstellung der Lebenswirklichkeit in der Literatur an:

■ Wahrheitsgetreue Abbildung der Wirklichkeit

15 Hermann Hettner, *Das moderne Drama. Ästhetische Untersuchungen*, Braunschweig 1852, S. 48 f.
16 Ebd., S. 78.

»Daher bei Ibsen jene mephistophelische Freude am Häßlichen, die ihm bereits den Namen eines Dichters des ›Unschönen‹ oder ›Unholden‹ eingebracht hat. Fast möchte ich sagen, er droht mit der Fratze als dem notwendigen Compendix der Lüge, der Folge von allen unwahren Voraussetzungen.«[17]

Die bürgerliche Frau im 19. Jahrhundert

Unterdrückung und Emanzipation

Das 19. Jahrhundert erscheint auf den ersten Blick als eine Zeit der vollständigen Unterdrückung der Frau und ihrer Reduktion auf die Rolle der Ehefrau und Mutter. Doch die tiefgreifenden ökonomischen, politischen und sozialen Wandlungsprozesse ermöglichten auch ein neues weibliches Selbstbewusstsein und leiteten die Emanzipation der Frau ein: »Die Moderne eröffnete überhaupt erst die Möglichkeit, daß Frauen einen Platz als Subjekt, als eigenständiges Individuum, als politische Akteurin und Staatsbürgerin beanspruchen konnten.«[18] Doch bis dahin war es ein langer Weg – in den 1830er Jahren wurden erste feministische Forderungen nach Gleichberechtigung laut, die jedoch erst im 20. Jahrhundert erreicht werden konnten.

17 Leo Berg, »Henrik Ibsen und das Germanentum in der modernen Literatur«, in: *Literarische Volkshefte* 2 (1887) S. 7, zit. nach: *Theorie des Naturalismus*, hrsg. von Theo Meyer, Stuttgart 2008, S. 137 f., hier S. 137.
18 Geneviève Fraisse / Michelle Perrot (Hrsg.), *Geschichte der Frauen*, Bd. 4: *19. Jahrhundert*, Frankfurt a. M. / New York 1994, S. 11.

Die Französische Revolution führte zu einer Anerkennung von Frauen als selbstständig zu betrachtenden, intelligenten und handlungsmächtigen Individuen und warf dadurch erstmals die Frage nach ihrer Stellung und möglichen Rolle innerhalb des Gemeinwesens auf. Doch dass der Gedanke an politische Teilhabe laut wurde, führte nicht dazu, dass Frauen diese Rolle auch zugebilligt wurde – durchgesetzt hat sich vielmehr ein reaktionärer Diskurs sowie die strikte Trennung von öffentlicher und privater Sphäre:

»Es wurde peinlich genau zwischen privatem und öffentlichem Leben, bürgerlicher und politischer Gesellschaft unterschieden. Es war letztlich diese Unterscheidung, die die Frauen auf Distanz zur Politik und innerhalb der bürgerlichen Gesellschaft in einem Abhängigkeitsverhältnis hielt.«[19]

In der postrevolutionären Zeit gehörten Frauen zwar prinzipiell dazu, wurden jedoch politisch ausgeschlossen. Der Gedanke an ihre politische Teilhabe wurde – analog zu der der unteren Gesellschaftsschichten – als störend für die neue bürgerliche Ordnung empfunden.

■ Ambivalenz der postrevolutionären Zeit

Um weibliche und männliche Sphäre gegeneinander abzugrenzen, wurden juristischer und moralischer Diskurs miteinander verknüpft: In Betonung ihrer angeblichen physischen Unterlegenheit und mangelnden Urteilskraft sowie durch ihre Reduktion

19 Fraisse/Perrot (s. Anm. 18), S. 21.

auf ein ›Geschlechtswesen‹ und die dazugehörige Mutterrolle wurden Frauen für unfähig erklärt, Rechte auszuüben; zugleich versuchte man, die ungleiche Behandlung der Geschlechter mit der Behauptung zu legitimieren, Frauen selbst würden sich ihre eigene Abhängigkeit wünschen.[20]

■ Legitimation der ungleichen Behandlung

In der Tat hatten verheiratete Frauen durch den 1804 unter Napoleon eingeführten *Code civil* fast denselben rechtlichen Status wie unmündige Kinder:[21] Dieser legte im Namen der ›Natur‹ die absolute Überlegenheit des Ehemanns und Vaters fest, während die Frau auch juristisch als handlungsunfähig galt. Eine Frau war nach ihrer Heirat kein verantwortliches Individuum mehr, sondern Untergebene ihres Mannes, dem sie Gehorsam schuldete: Der Ehemann hatte die Pflicht, für seine Frau zu sorgen und über ihr Betragen zu wachen, hierzu war es ihm erlaubt, Gewalt einzusetzen, über ihre außerhäuslichen Kontakte zu bestimmen und ihre brieflichen Korrespondenzen zu kontrollieren. Die Frau konnte nicht über ihr Vermögen verfügen; sie durfte – sofern sie überhaupt die Erlaubnis ihres Mannes dazu hatte, einen Beruf

■ *Code civil:* Ehe als Falle

■ Frauen im Abhängigkeitsverhältnis

---

20 Nicole Arnaud-Duc, »Die Widersprüche des Gesetzes«, in: Fraisse/Perrot (s. Anm. 18), S. 97–132, hier S. 97 f.
21 Im Gegensatz zu verheirateten Frauen blieben ledige Frauen juristisch gesehen mündig; lediglich in Teilen Skandinaviens, Deutschlands und der Schweiz unterstanden sie (bis ins letzte Drittel des Jahrhunderts) einem männlichen Vormund; verheiratete Frauen erhielten ihre Mündigkeit erst durch die Auflösung ihrer Ehe durch Scheidung oder Tod des Ehepartners, siehe ebd., S. 128.

auszuüben – auch nicht über ihren Lohn bestimmen und war demnach auf ein Taschengeld angewiesen, das ihr von ihrem Ehemann ausgehändigt wurde. Frauen brauchten die Zustimmung ihrer Ehemänner, um ein Konto zu eröffnen, Verträge zu schließen, sich einen Pass ausstellen zu lassen usw.

Obwohl das Private als Domäne der Frau galt, bestimmte der Vater über Erziehung und Ausbildung der Kinder sowie über ihre Eheschließungen; im Falle einer Trennung oder Scheidung hatte der Vater automatisch das Sorgerecht für die Kinder inne. ■ Erziehung und Sorgerecht

Ehen wurden im bürgerlichen Milieu weniger aus Liebe als aus Familieninteressen geschlossen. Im kleinbürgerlichen Milieu versuchte man, durch die Ehe einen sozialen Aufstieg zu erreichen. Erst ab der Mitte des 19. Jahrhunderts wünschten sich viele Menschen – auch Männer – eine auf Liebe gegründete Ehe, die auf Einverständnis beruhen sollte.[22] ■ Ehe und Liebe

Das in Frankreich entwickelte Ehe- und Familienrecht galt bis ins 20. Jahrhundert als Modell, das Einfluss auf ganz Europa nahm; die Rolle, die der Ehefrau zugewiesen wurde, war in allen patriarchalisch organisierten Gesellschaften prinzipiell gleich: Die bürgerliche Frau, deren Aufgabe es war, Mutter zu sein und ein behagliches Heim für ihren Mann zu schaf- ■ Rolle als Ehefrau und Mutter

---

22 Michelle Perrot, »Rollen und Charaktere«, in: *Geschichten des privaten Lebens*, Bd. 4: *Von der Revolution zum Großen Krieg*, hrsg. von M. P., dt. von Holger Fliessbach und Gabriele Krüger-Wirrer, Frankfurt a. M. 1992, S. 127–194, hier S. 127–144.

fen, blieb bis auf weiteres aus dem öffentlichen Leben ausgegrenzt.

Doch im Zuge des Kampfs um das allgemeine Wahlrecht wurden auch die Forderungen der Frauen lauter. Es formierten sich Frauenbewegungen, die für höhere Bildung von Frauen und politische Gleichberechtigung kämpften. Norwegen war die erste europäische Nation, die die politische Gleichberechtigung einführte: Das aktive und passive Wahlrecht erhielten Frauen 1913, in Deutschland wurde dieses für Frauen im Jahr 1918 erreicht.

Kampf um Bildung und politische Teilhabe

6. Interpretationsansätze

Recht vs. Gerechtigkeit

Ibsen selbst, so belegen Quellen, beschäftigte sich eingehend mit der Diskriminierung von Frauen. Zwar ging er von einer ›natürlichen‹ Gegensätzlichkeit der Geschlechter aus und schrieb Frauen – für seine Zeit zwar ungewöhnlich wohlwollend, aber aus heutiger Sicht dennoch diskriminierend – einen »genialen Instinkt, [...] der unbewußt das Rechte trifft«[23] zu. Ibsen blieb der gängigen Vorstellung von einem natürlichen Unterschied zwischen Mann und Frau verhaftet, vertrat jedoch im Gegensatz zu der damals vorrangig unter Männern gängigen Meinung nicht die These von der Unterlegenheit der Frau, sondern setzte sich im Skandinavischen Verein in Rom sogar vehement für das Frauenwahlrecht ein.[24] In seiner ersten schriftlich überlieferten Vorarbeit zu *Nora* benennt er das Kernproblem der Novelle:

■ Das Kernproblem in *Nora*

> »Eine Frau kann in der Gesellschaft der Gegenwart nicht sie selbst sein, welche eine ausschließlich männliche Gesellschaft ist, mit von Männern geschriebenen Gesetzen und mit Anklägern und Rich-

23 Henrik Ibsen, »Rede im Skandinavischen Verein in Rom (13. 02. 1879)«, in: Gundlach (s. Anm. 6), S. 232–239, hier S. 238.
24 Ebd., S. 231.

tern, die das weibliche Verhalten vom männlichen Standpunkt aus beurteilen.«[25]

■ Rechtliche Benachteiligung von Frauen

Frauen werden in der von Männern dominierten Gesellschaft des 19. Jahrhunderts mehrfach benachteiligt: Erstens stehen ihnen nicht dieselben Möglichkeiten offen wie Männern, sie werden bewusst aus der öffentlichen Sphäre ausgegrenzt und unmündig gehalten – dazu gehört auch, dass ihnen juristische Bildung und die Beteiligung an der Gesetzgebung verwehrt bleiben. Zweitens wird aber von ihnen erwartet, dass sie sich gesetzeskonform verhalten. Nora Helmer ergeht es im Drama wie den meisten Frauen Ende des 19. Jahrhunderts in Norwegen: Rechtlich galt sie als unmündige Person.[26] Die Stellung der Frau in einer ausschließlich männlichen Gesellschaft ist ein Thema, das zu dieser Zeit vielfach diskutiert wurde und bereits zehn Jahre zuvor durch John Stuart Mills *The Subjection of Women* (1869) ins Bewusstsein gedrungen war.

Im Drama wird dieses Problem von Ibsen auf zweierlei Weise ausgestaltet: Mit Nora begegnet den Leserinnen und Lesern eine Figur, der Bildungs- und Entwicklungsmöglichkeiten vorenthalten werden, von der aber gleichzeitig verlangt wird, dass sie sich mit

25 Henrik Ibsen, »Aufzeichnungen zur Gegenwartstragödie«, in: Gundlach (s. Anm. 6), S. 111.
26 1863 wurde lediglich unverheirateten Frauen die Mündigkeit zugesprochen, Ehefrauen jedoch erst 25 Jahre später. Siehe Keel (s. Anm. 4), S. 74.

geltendem Recht auskennt und rechtskonform handelt. Dass Noras intuitives moralisches Rechtsempfinden im Widerspruch zu den geltenden Gesetzen steht, wird ihr zum Verhängnis. Welch schwere Straftat Nora mit der Urkundenfälschung begangen hat, ist ihr selbst bis zu Krogstads Erpressung nicht klar, während die juristisch gebildeten männlichen Figuren Krogstad und Helmer dies sofort erfassen. Die Aufnahme des Darlehens kann hingegen als bewusster Verstoß gegen Gesetze und Konventionen gelten: Es ist den weiblichen Figuren in *Nora* klar, dass es Frauen verboten ist, »ohne Einwilligung ihres Mannes« (S. 21) ein Darlehen aufzunehmen – aus ihrer Not, aus dem unbedingten Wunsch heraus, das Leben ihres Mannes zu retten und damit ein Zeichen ihrer grenzenlosen Liebe zu erbringen, entschließt sich Nora zum Bruch mit Recht und Konventionen. Auch ihr finaler Entschluss, die Familie zu verlassen, widerspricht den geltenden gesellschaftlichen Konventionen.

■ Nora: intuitives Rechtsempfinden

Nora gegenüber steht Helmer, der als »Advokat« (S. 15) tätig war und als juristisch äußerst gebildet gelten kann. Dass es ungerecht ist, von seiner Frau, der die entsprechende Bildung verwehrt blieb, Einsicht in die rechtlichen Konsequenzen ihres Handelns zu erwarten, erkennt er ebenso wenig wie die Notsituation, in der sie sich durch ihre Abhängigkeit, durch ihre äußerst beschränkten Möglichkeiten, Geld zu erwirtschaften oder zu leihen, befand. Ibsen zeigt in *Nora* also einen engen Zusammenhang zwischen der Diskriminierung von Frauen und illegalem Handeln auf.

■ Helmer: gebildeter Jurist

■ Zusammenhang: Diskriminierung und Illegalität

»Ich muss mich davon überzeugen, wer recht hat, die Gesellschaft oder ich.« (S. 98)

Obwohl Noras Überzeugungen durch die Erfahrungen der Weihnachtsfeiertage ins Wanken geraten, gibt sie diese nicht auf. Im Gegenteil – sie hält an ihnen fest und will nun prüfen, wer recht hat, sie oder die Gesellschaft. Selbstbewusst erklärt sie Helmer, dass sie fortgehen wird, um sich selbst zu bilden. Sie könne sich nicht mehr damit abfinden, »was die allgemeine Meinung sagt und was in den Büchern steht« (S. 97). Sie müsse selbst über Religion, Moral und Recht nachdenken, um das rechte Verhältnis zu ihrer Umgebung zu finden. Diese Notwendigkeit erwächst für Nora einerseits aus dem Widerspruch zwischen **Überzeu-** ihren moralischen Überzeugungen und dem geltenden Recht bzw. der Meinung der bürgerlichen Gesellschaft und andererseits aus ihrer Erkenntnis über ihre unvollkommene Bildung und ihr bisheriges ›Puppendasein‹, ihre von Abhängigkeit und Gefügigkeit geprägte Rolle innerhalb ihrer Ehe.

■ **Überzeugung vs. herrschende Meinung**

■ **Noras starke Wandlung**

Nora, die im Laufe des Dramas einen starken Reifeprozess erlebt, erscheint in der Schlussszene mit Helmer wie verwandelt. Häufig ist der Bruch innerhalb ihres Charakters von Kritikern bemängelt worden, so beispielsweise auch von Karl Frenzel (siehe das Kapitel 8: »Rezeption«, S. 130 f.). Er wird besser verständlich, wenn man sich vergegenwärtigt, dass Nora unbewusst bereits Dinge ahnt, die erst durch ihre Desillusionierung hinsichtlich ihrer Ehe vollständig in ihr

Bewusstsein treten – durch die Erkenntnis, dass das »Wunderbare« (S. 68) nicht eintreten wird, da Helmer nicht vorhat, ihre Schuld auf sich zu nehmen (S. 99, siehe hierzu auch die folgenden beiden Abschnitte »Zukunftsvisionen: Das ›Wunderbare‹ und das ›Entsetzliche‹«, S. 81–92, und »Emanzipation aus dem ›Puppendasein‹«, S. 93–100 dieses Lektüreschlüssels). Nora, die sich in kürzester Zeit zu einer emanzipierten Frau entwickelt, erscheint zu Beginn des Dramas eher als ein selbstbezogenes, verspieltes und naives Kind.[27] Der Wertschätzung, die ihr bisher entgegengebracht wurde, entsprechend reduziert sie sich selbst auf ihr Äußeres sowie auf ihre unterhaltsamen Qualitäten in Gesang und Tanz (S. 21, 23).

Charakterlich ist Nora nicht fehlerfrei: Auch wenn sie sich naiv gibt, lügt sie mehrfach (S. 12, 34, 56), kokettiert mit Dr. Rank, nicht weil sie Gefühle für ihn hegt, sondern um seine finanzielle Unterstützung zu erlangen, und legt gegenüber ihrer Freundin ein zunächst taktloses, wenig einfühlsames Verhalten an den Tag, indem sie mit ihrer Schönheit und ihrem Glück prahlt, obwohl sie weiß, dass diese ein schweres Schicksal zu tragen hat (S. 14–16). Zumindest unbewusst weiß Nora zudem um ihre mangelnde Bildung, Abhängigkeit und Unterwürfigkeit, die ihr erst in der Schlussszene vollends deutlich werden. Rück-

■ Charme und kleine Mängel

■ Unbewusstes Wissen

27 Nicht umsonst leitet sich ihr Vorname vom Substantiv *nor* ab, was im Norwegischen kleines, kindliches Wesen heißt. Siehe Daniel Haakonsen, »Das Tarantella-Motiv in *Ein Puppenheim*«, in: Paul (s. Anm. 3), S. 197–211, hier S. 210.

blickend macht sie Vater und Ehemann dafür verantwortlich: »Du und Papa, ihr begingt eine große Sünde gegen mich. Ihr seid schuld, dass nichts aus mir geworden ist.« (S. 95)

Helmers Beteuerung, dass er sie gar nicht anders haben wolle als so, wie sie jetzt ist, klingt zwar im ersten Moment charmant, macht aber zugleich deutlich, **Noras Rolle als Ehefrau** welche Rolle er seiner Frau zugesteht: Nora ist seine »süße kleine Singlerche«, sein »Leckermäulchen« (S. 11) und soll dies auch bleiben. Die Kosenamen, mit denen er seine Frau durchgängig belegt, machen deutlich, dass er sie nicht für eine ebenbürtige Partnerin hält. Sie zeugen zwar von einem liebevollen Umgangston Helmers, er verniedlicht Nora damit jedoch **Verniedlichung** und behandelt sie nicht wie eine eigenständige, ernst zu nehmende Person.[28] Solange sie sich nach seinen Wünschen richtet und ihn mit ihrer fröhlichen Art, mit Gesang und Tanz erfreut, ist er bereit, ihr kleine Schwächen nachzusehen. Helmer gibt innerhalb der Ehe den Ton an, was daran deutlich wird, dass er den **Besitzdenken** Wünschen Noras, die er ganz allein besitzen möchte (S. 49) und als sein »teuerstes Gut« (S. 82) bezeichnet, nur dann nachkommt, wenn sie auch seinen eigenen Wünschen entsprechen. So ahnt er nichts von den ernsthaften Seiten seiner Frau, die in ihrer mutigen Tat, ihrem pflichtbewussten Verzicht (S. 23) und ihren Gesprächen mit Dr. Rank deutlich werden. Er belä-

---

28 Bezeichnend für diesen Zusammenhang ist auch Helmers nach dem Maskenball geäußerte Aussage: »Da redet die Lerche, als wenn sie ein Mensch wäre.« (S. 82)

chelt sie vielmehr, macht sie klein, etwa als sie den gemeinsamen Freund, die Andeutungen über seinen bevorstehenden Tod verstehend, nach seiner Untersuchung fragt: »Sieh mal an! Die kleine Nora redet von wissenschaftlichen Untersuchungen!« (S. 84)

Helmer erkennt die Ungerechtigkeit dessen nicht, dass er und die patriarchale Gesellschaft, die ihn prägt, Nora einerseits verweigern, sich zu bilden, sich weiterzuentwickeln, finanziell unabhängig zu sein etc., und ihr andererseits schonungslos ihr illegales Handeln vorwerfen, das Helmers Wohl galt und zu dem sie sich teils aus Alternativlosigkeit angesichts ihrer finanziellen Abhängigkeit, teils aus Unwissenheit entschied.

■ Helmers Ungerechtigkeit

Die patriarchale Gesellschaft droht ebenso verächtlich auf Noras verhängnisvolle Tat zu reagieren, wie der in ihr sozialisierte Helmer. Die in der Dramenvergangenheit liegende Konfliktursache der – aus ehrbaren Motiven – gefälschten Unterschrift, zunächst Noras ganzer Stolz, berührt die Unterscheidung zwischen privatem und öffentlichem Leben, zwischen ›weiblicher‹ und ›männlicher‹ Sphäre: Mit ihrer Grenzüberschreitung hat Nora nicht nur das Gesetz gebrochen, sie hat auch abweichend von ihrer gesellschaftlichen Rolle als Ehefrau gehandelt, indem sie sich aus der häuslichen in die öffentliche, durch Gesetze geregelte Sphäre begeben und damit soziale Normen verletzt hat.

■ Privat vs. öffentlich

■ Noras Tat als Normverletzung

Die Tragweite ihres Handelns bleibt Nora verborgen, weil sie nicht dazu imstande ist, ihre Tat aus der

■ Schwere der Tat bleibt Nora verborgen

juristischen, den Männern vorbehaltenen Perspektive zu beurteilen. Sie denkt und urteilt ausschließlich nach ihrem moralischen Gefühl für Recht und Unrecht. Krogstad, der Nora im Gespräch der Unterschriftenfälschung überführt, erläutert ihr diesen Betrug und seine Folgen:

> KROGSTAD. Frau Helmer, Sie haben offenbar keine klare Vorstellung davon, worin eigentlich die Verfehlung besteht, die Sie begangen haben. Aber ich kann versichern, dass die Verfehlung, die meine ganze bürgerliche Stellung vernichtete, weder größer noch schwerwiegender als die Ihre war.
>
> NORA. Sie? Wollen Sie mir einreden, Sie hätten eine mutige Tat gewagt, um Ihrer Frau das Leben zu retten?
>
> KROGSTAD. Die Gesetze fragen nicht nach den Beweggründen.
>
> NORA. Dann müssen es aber sehr schlechte Gesetze sein.
>
> KROGSTAD. Schlecht oder nicht – wenn ich dies Papier dem Gericht vorlege, dann werden Sie nach den Gesetzen verurteilt.
>
> NORA. Das glaube ich nicht. Eine Tochter sollte nicht das Recht haben, ihren alten todkranken Vater vor Kummer und Sorgen zu verschonen? Eine Frau nicht das Recht, ihrem Mann das Leben zu retten? Ich kenne die Gesetze nicht so genau; aber ich bin sicher, irgendwo steht darin, dass so

etwas erlaubt ist. Das wissen Sie nicht, Sie als Rechtsanwalt? Sie müssen ein schlechter Jurist sein, Herr Krogstad. (S. 39)

Dieser Dialog zwischen Nora und Krogstad offenbart den eklatanten Widerspruch zwischen juristischem Recht, den geltenden Gesetzen (man spricht auch vom menschengemachten »positiven Recht«) und dem von Nora als natürlich, als universell gültig empfundenen Recht (»Naturrecht«). Nora handelt, ganz nach Ibsens Frauenbild, intuitiv, während Krogstad und Helmer auf ihre juristische Bildung zurückgreifen, um ihr Handeln zu bewerten. Nora, von ihrem moralischen Rechtsempfinden geleitet, ist davon überzeugt, dass die Motive einer Handlung einen relevanten Unterschied hinsichtlich ihrer moralischen und juristischen Beurteilung machen. Entsprechend bezeichnet sie ihre eigene Verfehlung als »mutige Tat« (S. 39), die sich von Krogstads Vergehen unterscheide. Sie ist sich keiner Schuld bewusst und besteht darauf, die moralisch guten Motive, die sie als Tochter und Ehefrau für ihre Tat hatte, müssten in den Gesetzen berücksichtigt sein. Nora spricht hier ein Ideal der Gesetzgebung an, das besagt: Gesetze sind dafür da, Gerechtigkeit zu schaffen, d. h., das »positive«, menschengemachte Recht müsse sich auf das als naturgegeben empfundene, sich mit dem moralischen Empfinden des Menschen deckende »Naturrecht« stützen. Krogstad hingegen weiß, dass das Gesetz nicht nach den Beweggründen fragt und Nora nach geltendem Recht verurteilt wer-

■ Wider- spruch: »positives Recht« und »Natur- recht«

■ Noras moralisches Rechts- empfinden

den würde, wenn er dem Gericht den Schuldschein mit ihrer Unterschriftenfälschung vorlegen würde.

Entgegen Noras Glauben entsprechen ihr moralisches Empfinden und das »positive Recht« der Gesetze einander also nicht – worin der dramatische Konflikt des Stückes begründet liegt: Es widerspricht den Grundsätzen der Gerechtigkeit, so empfindet Nora, wenn Gesetze unterschiedliche Beweggründe oder ungleiche Voraussetzungen für eine Tat nicht einbeziehen. Nach Krogstads Fortgang ist Nora verunsichert und beunruhigt, hält aber dennoch an ihren Überzeugungen fest: »Nein, das ist ja unmöglich! Ich tat's ja aus Liebe.« (S. 39)

■ Das Ideal der Gerechtigkeit

Hingegen hält sich Helmer, Noras Ehemann, zwar an das geltende Gesetz und scheint auf den ersten Blick auch darum bemüht, dieses in Ehren zu halten, indem er Rechtsverstöße wie den Noras, aber auch den seines Bekannten Krogstad, scharf verurteilt. Bei genauerer Betrachtung wird sein Charakter jedoch in ein zweifelhaftes Licht gerückt, wird doch deutlich, dass er allein auf seinen eigenen Ruf und persönliche Empfindlichkeiten bedacht ist:

■ Helmers zweifelhafter Charakter

> HELMER. Und gerade dadurch, dass du für ihn [Krogstad] eintrittst, machst du es mir unmöglich, ihn zu behalten. Auf der Bank ist es schon bekannt, dass ich Krogstad entlassen will. Sollte sich nun gerüchteweise herumsprechen, dass der neue Bankdirektor sich von seiner Frau hätte umstimmen lassen –

NORA. Ja, was dann –?

HELMER. Nein, natürlich; wenn nur der kleine Trotzkopf seinen Willen bekommt – weiter hat's natürlich keinen Zweck … Ich soll mich vor dem ganzen Personal lächerlich machen – die Leute auf den Gedanken bringen, dass ich von allerlei fremden Einflüssen abhängig sei? […] Und außerdem ist da noch ein Umstand, der Krogstad bei der Bank ganz unmöglich macht, solange ich Direktor bin.

[…]

[E]r ist ein Jugendbekannter von mir. Eine dieser übereilten Bekanntschaften, die einem im späteren Leben so oft lästig werden. Ja, gerade heraus gesagt: wir duzen uns. Und daraus macht dieser taktlose Mensch kein Hehl, wenn andere dabei sind. […] Ich muss dir gestehen, dass so etwas mich höchst peinlich berührt. (S. 53 f.)

Helmer wirft Nora vor, ihre Bitte habe keinen weiteren Zweck, als dass sie ihren Trotzkopf durchsetze, obwohl sie Gründe für ihre Sorge anführt – dass diese nicht vollständig der Wahrheit entsprechen, kann er nicht wissen. Er ist in erster Linie an seiner Stellung und seinem persönlichen Wohlbefinden interessiert: Da er die Kündigung in der Bank bereits bekannt gemacht habe, sei es ihm unmöglich sie zurückzunehmen, um nicht als beeinflussbar und wankelmütig zu gelten und so seinem beruflichen Ansehen zu schaden.

■ Helmers
Ruf und
Ansehen

Dabei scheint es, als schiebe Helmer lediglich vor, er fürchte in erster Linie um seinen Ruf – in Wirklichkeit geht es bei seiner Entscheidung um persönliche Empfindlichkeiten, wie gegen Ende des Gesprächs deutlich wird. Nicht nur, dass er die Sorgen seiner Frau nicht ernst nimmt, der neue Bankdirektor schreckt auch nicht davor zurück, einen alleinstehenden Familienvater, der, wie er selbst anmerkt, gut in der Bank zu gebrauchen ist, und um dessen schwierige gesellschaftliche Situation er weiß, aufgrund eigener Befindlichkeiten zu entlassen. Nora nennt Helmers Beweggründe »kleinlich[]« (S. 54) – eine Wortwahl, die Ibsen in einer Rede zum Wahlrecht der Frauen im Skandinavischen Verein in Rom selbst trifft. Er prangert in seiner Rede jene Männer »mit den kleinlichen Rücksichten und den kleinen Besorgnissen«[29] an, die sich gegen das Frauenwahlrecht bei Vereinswahlen sperren. Dass Helmer ebenso selbstbezogen ist wie die Vereinsmänner, die Ibsen kritisiert, dass er ein Karrierist ist, bestätigt sich am Ende des Stückes, als Helmer Nora zunächst wegen ihres Rechtsverstoßes scharf verurteilt, die Tat aber für ihn sofort an Bedeutung verliert, als sein eigener Ruf durch Krogstads Zusendung des Schuldscheins gerettet ist (S. 91).

Dadurch wird Helmers Charakter äußerst negativ gezeichnet und steht in Kontrast zu Noras: Während

29 Ibsen (s. Anm. 23), S. 238; Ibsens Antrag auf Frauenwahlrecht wurde in der Folge abgelehnt, seine Verachtung äußerte er öffentlich auf dem darauffolgenden Galaabend des Vereins, siehe ebd., S. 239.

Marginalien:
Helmers Empfindlichkeiten

Unmoralische Handlung

Nora das Gesetz in moralisch guter Absicht übertreten hat und ein untrügliches moralisches Gefühl für Recht und Unrecht besitzt, agiert der stets um sein Ansehen besorgte Saubermann Helmer zwar im Einklang mit den Konventionen und Gesetzen der bürgerlichen Gesellschaft, erscheint jedoch in moralischer Hinsicht äußerst zweifelhaft: Die Gerechtigkeit und Rechtmäßigkeit seines eigenen Verhaltens und des Handelns seiner Mitmenschen sind, bei genauerer Betrachtung, für ihn gänzlich unwichtig.

■ Kontrast: Nora und Helmer

Zukunftsvisionen: Das »Wunderbare« und das »Entsetzliche«

Im Verlauf des Stückes erlebt die Protagonistin Nora ein wahres Gefühlschaos: Zunächst hoffnungsvoll angesichts des beruflichen Aufstiegs ihres Mannes und stolz auf ihr geschickt organisiertes Darlehen von Krogstad und die durch ihren Verzicht und Fleiß ermöglichten Rückzahlungen als heimlichen Beweis ihrer ehelichen Liebe, ist Krogstads Erpressungsversuch Auslöser für entsetzliche Vorahnungen und Verzweiflung. Welche Zukunft sich Nora angesichts dieser Erpressung ausmalt, deutet sie zunächst nur in vagen Worten an: Nora umschreibt ihre Zukunftsvisionen mit den Begriffen des Wunderbaren (S. 68, 73, 99 f., 102) und des Entsetzlichen (S. 63).

■ Vage Andeutungen der Handlungsoptionen

Den Begriff des Wunderbaren gebraucht Nora erstmals im Gespräch mit ihrer Jugendfreundin Christine im Anschluss an Krogstads Erpressung:

> NORA. Aber das Wunderbare wird nun geschehen.
> FRAU LINDE. Das Wunderbare?
> NORA. Ja, das Wunderbare. Aber das ist so entsetz-
> lich, Christine; es darf nicht geschehen, um kei-
> nen Preis der Welt.

Noras Entsetzen muss erstaunen, verbindet man mit dem Begriff des Wunderbaren doch nicht nur außergewöhnliche Begebenheiten, sondern auch Freude, Entzücken. Nora aber ist angstvoll, will das wunderbare Ereignis verhindern. Im Gespräch mit Helmer im Anschluss an die Aufdeckung ihrer Tat, an Helmers scharfe Verurteilung Noras und seine Freude über die unverhoffte Rettung seines Ansehens durch den Erhalt des Schuldscheins, erhellt sich, was Nora unter dem Begriff des Wunderbaren versteht:

■ Das »Wun-
derbare«

> NORA. [...] Dann brach dieses Unglück über mich
> herein; und da war ich unerschütterlich fest
> überzeugt: jetzt kommt das Wunderbare! [...]
> Ich war so felsenfest davon überzeugt, du wür-
> dest sagen: »Machen Sie die Sache nur der ganzen
> Welt bekannt.« Und wenn das geschehen –
> HELMER. Was dann? Wenn ich meine eigene Frau
> dem Schimpf und der Schande preisgegeben –
> NORA. Danach würdest du, wie ich felsenfest
> glaubte, vortreten, alles auf dich nehmen und sa-
> gen: Ich bin der Schuldige! (S. 99)

Das wunderbare Ereignis, das Nora – irrtümlicher-
weise – vorhersieht, ist also, dass Helmer sich von ihrer Straftat öffentlich unbeeindruckt zeigt und die
Schuld für ihr Vergehen selbstlos sich selbst zu-
schreibt. Möglicherweise aus Furcht vor den gesellschaftlichen Konsequenzen für ihren Mann fürchtet
Nora dieses Ereignis, durch das nun Helmer den Beweis seiner Treue und Aufopferungsbereitschaft erbringen würde.

■ Helmers
Schuldüber-
nahme

Es deutet sich zunächst an, dass Helmer zu einer
solchen Liebestat bereit wäre, beteuert er doch, bevor
er von Noras Darlehen weiß: »Wenn es drauf an-
kommt, glaub mir, habe ich Mut und Kraft. Du wirst
sehen, ich bin Manns genug, alles auf mich zu nehmen.« (S. 55) Nora reagiert auf diese Aussicht panisch.
Die Gründe dafür lässt Ibsen in der Schwebe und fordert so die Leserinnen und Leser zu Deutungen auf.
Möglicherweise, so lässt sich interpretieren, will Nora
verhindern, dass Helmer seinen gesellschaftlichen
Ruf durch seine selbstlose Tat gefährdet: »Lieber alles
andere! Rettung –! Ein Ausweg –« (S. 55).

Um Helmer davor zu bewahren, ihr Vergehen zu
verantworten, drängt sich Nora ein Ausweg auf: der
Suizid. Ihre Furcht vor dem eigenen Tod ist das den
zweiten Akt bestimmende zentrale Motiv. Ebenso
wie ihre Zukunftsvision der Schuldübernahme durch
Helmer deuten sich Noras Suizidgedanken zunächst
nur vage an: Sie fürchtet sich vor der Enthüllung ihrer
rechtswidrigen und gesellschaftlich verpönten Tat;
die Regieanweisungen des zweiten Aktes geben Auf-

■ Motiv der
Todesangst

schluss über ihre Nervosität: Sie geht auf und ab, wirkt ungeduldig, fahrig, lauscht nach Geräuschen (S. 45). Dem Kindermädchen sagt sie, sie könne von nun an nicht mehr so häufig mit ihren Kindern zusammen sein (S. 46), zeigt sich denkbar unbeeindruckt von der Sorge der Amme, sie könne krank werden (S. 45). Anschließend zeichnet sich erstmals Noras Gedanke an ein Verlassen der Familie – möglicherweise durch Selbstmord – ab: »Glaubst du, dass sie [Noras Kinder] ihre Mama vergessen würden, wenn sie ganz fort wäre?«, fragt sie die Amme, und versucht, sich anschließend klarzumachen, dass diese gut für ihre Kinder sorgen würde: »Und wenn meine Kleinen niemand anders hätten, dann weiß ich, dass du – Unsinn, Unsinn, Unsinn!« (S. 46)

■ Erste Gedanken an den Selbstmord

Nora sieht zwischenzeitlich einen Ausweg, sie möchte Dr. Rank um Geld bitten – eine Bitte, die sie nach seinem Liebesgeständnis nicht mehr vorbringen will. Peinlich berührt von Dr. Ranks Aufrichtigkeit, so scheint es, will sie die Beziehung nicht durch eine Bitte um Geld weiter verkomplizieren. Im Gespräch der beiden ist Nora zunächst so von ihren Ängsten erfüllt, dass sie Dr. Ranks Andeutung eines baldigen Endes der Freundschaft auf ihre Suizidgedanken bezieht: »Ach, Sie sprechen von sich –?« (S. 56), erkennt sie erstaunt, als deutlich wird, dass Dr. Rank nicht auf Noras, sondern auf den eigenen baldigen Tod anspielt.

■ Bitte an Dr. Rank

Der Gedanke an die Enthüllung ihrer Tat und die möglichen fatalen Konsequenzen erfüllt Nora mit

Angst, als sie auf Krogstad wartet: »Das Entsetzliche kommt. [...] Nein, nein, nein, es kann, es wird nicht geschehen!« (S. 63). Krogstad erscheint mit dem an Helmer adressierten Enthüllungsbrief; im Gespräch mit Nora spricht er ihre möglichen Selbstmordgedanken an:

KROGSTAD. – wenn Sie mit dem Gedanken spielen, Haus und Herd zu verlassen –
NORA. Ja, das tu ich.
KROGSTAD. – oder wenn Sie noch etwas Schlimmeres vorhaben sollten –
NORA. Woher wollen Sie das wissen?
KROGSTAD. – lassen Sie all dergleichen.
NORA. Woher wollen Sie wissen, dass ich an das denke?
KROGSTAD. Die meisten von uns haben das anfangs vor. Ich hatt's auch vor; aber ich besaß bei Gott nicht den Mut –
NORA *(tonlos)*. Ich auch nicht.
KROGSTAD *(erleichtert)*. Ja, nicht wahr? Sie haben nicht den Mut dazu – Sie auch nicht. (S. 65)

Nora schließt diese Handlungsoption zunächst aus, fehlt ihr doch der Mut, ihrem Leben ein Ende zu machen. Doch die Dynamik des Gesprächs verändert sich, als Nora von Krogstads Plan erfährt: Er möchte kein Geld, sondern mit Helmers Hilfe beruflich ganz nach oben, um bald »die rechte Hand des Direktors« (S. 66) zu werden. Nora will dies verhindern und

■ Kein Mut zum Selbstmord

■ Selbstmord: kein Ausweg?

droht mit Selbstmord (»Jetzt hab ich den Mut dazu«, S. 66), woraufhin Krogstad ihr deutlich zu verstehen gibt, dass er ihren Mann so oder so in der Hand hat:

> KROGSTAD. Sie erschrecken mich auch nicht. So etwas tut man nicht, Frau Helmer. Was würde es auch nützen? Ich hab ihn ja trotzdem in der Tasche.
> NORA. Auch dann noch? Wenn ich nicht mehr –?
> KROGSTAD. Vergessen Sie, dass *dann* ihr guter Name von *mir* abhängt? (S. 66)

Dennoch lässt Nora der Gedanke an ihren Suizid nicht mehr los, wie sich im anschließenden Gespräch mit Frau Linde zeigt. Sie will, dass Frau Linde bezeugt, Nora allein – und nicht auch Helmer – treffe die Schuld am gefälschten Schuldschein, und begründet die Notwendigkeit einer Zeugenschaft wie folgt:

■ Frau Linde soll Schuld bezeugen

> NORA. Jetzt bloß eins, Christine: du sollst mein Zeuge sein.
> FRAU LINDE. Wieso Zeuge? Was soll ich –?
> NORA. Wenn ich den Verstand verliere – und das könnte ja leicht geschehen –
> FRAU LINDE. Nora!
> NORA. Oder wenn mir etwas anderes zustößt – etwas, dass ich nachher nicht hier sein könnte – (S. 67 f.)

Nora spielt, wie sich hier zeigt, weiterhin mit dem Gedanken, Selbstmord zu begehen. Sie will, wie sie später erklären soll (S. 100), ihr Leben für den Erhalt des guten Rufes ihres Mannes und ihrer Familie opfern, die Rufschädigung durch den Selbstmord als Bekenntnis ihrer eigenen Schuld möglichst von ihrem Mann und ihren Kindern abwenden. Um zu verhindern, dass Helmer auf die Idee kommt, Nora posthum durch das Einstehen für ihre Schuld zu rehabilitieren und so seinem eigenen Ruf zu schaden, bedarf es Frau Linde, die Noras alleinige Schuld an der Urkundenfälschung verbürgen soll. ■ Motiv für den Suizid

Noras Todesangst ist mittlerweile so stark, dass sie davon ausgeht, bald den Verstand zu verlieren. Die Tarantella, die Nora während des Italienaufenthalts erlernte, ist nicht nur eine Ablenkungsstrategie, durch die Nora hinauszögern will, dass Helmer den Enthüllungsbrief Krogstads entdeckt. Sie steht auch im Zusammenhang mit dieser Angst vor dem Verlust des eigenen Verstands, vor dem Wahnsinn. Laut italienischem Volksglauben kommen dem mitreißenden, schnellen Volkstanz, den Nora auf dem Maskenball aufführen wird, heilende Eigenschaften zu: Wurde man von einer Tarantel gestochen, dann konnte einen angeblich nur eine wirbelnde, von schnellen, intuitiven Bewegungen geprägte Tarantella heilen. Ihre Fassung, ihren Verstand versucht Nora zurückzugewinnen, indem sie ihrer Angst und Gedankenlosigkeit durch rasche, »stürmisch[e]« (S. 71) Tanzbewegungen Ausdruck verleiht und sich so zu heilen versucht.[30] ■ Heilung durch Tarantella?

30 Ibsen soll von diesem Volksglauben um die Tarantella gewusst haben, siehe Haakonsen (s. Anm. 27), S. 205.

Von ihren Suizidgedanken befreit sie die Tarantella allerdings nicht. Vielmehr dient sie Nora als Vorbereitung, um ihrem Leben entschlossen ein Ende zu setzen: Sie kann dem »Entsetzlichen« (S. 63) nun gefasst begegnen – nach dem Maskenball will sie sich das Leben nehmen und zählt die Stunden, die ihr noch zu leben bleiben (S. 73). Im Gespräch mit Dr. Rank spielt sie gewitzt auf ihren eigenen Tod an, indem sie die symbolisch-verhüllende Rede Dr. Ranks vom Schlaf aufgreift und ihre beiden Schicksale geschickt aneinanderknüpft:[31]

> NORA. Schlafen Sie wohl, Doktor Rank.
> RANK. Ich dank Ihnen für diesen Wunsch.
> NORA. Wünschen Sie mir dasselbe.
> RANK. Ihnen? Nun, ja, wenn Sie es verlangen –
> Schlafen Sie wohl. (S. 86)

Vor dem Hintergrund, dass sie sich nun vorbereitet fühlt für die Rettung des Ansehens ihres Mannes und ihrer Familie, genießt Nora den Gedanken daran, dass sie ein Zeichen der grenzenlosen Liebe Helmers, die sich über alle Schranken erhebt und die alles vergibt, erfahren wird: »Im Grunde ist es doch herrlich, so auf das Wunderbare zu warten.« (S. 73) Sie selbst hat ihrem Mann diesen Liebesbeweis durch ihre »mutige Tat« (S. 39) erbracht und erwartet nun, dass er dasselbe für sie tun wird, indem er ihre Schuld auf sich

■ Traum von grenzenloser Liebe

---

31 Siehe Haakonsen (s. Anm. 27), S. 207 f.

nimmt (S. 99). Dieser Traum vom »Wunderbare[n]«
(S. 73), davon, dass die beiden Ehepartner einander
das gleiche Maß an Wertschätzung und Liebe entgegenbringen, ist »die heimliche Quelle, die Nora Kraft
spendet und ihr Ausdauer verleiht, Mühe und Sorgen
mit frohem Mut zu ertragen«.[32]

Nachdenklich gemacht durch den bevorstehenden
Tod seines Freundes Dr. Rank, der ihm sein eigenes
Glück bewusst macht, bringt Helmer auch tatsächlich
seine Liebe und die vorbehaltlose Bereitschaft, Nora
zu schützen, zum Ausdruck: »Weißt du, Nora –
manchmal wünsch ich, es möchte dir eine wirkliche
Gefahr drohen, damit ich Leib und Leben und alles,
alles für dich aufs Spiel setzen kann.« (S. 87 f.) Nora
sieht nun den richtigen Moment gekommen, um sich
für ihren Mann aufzuopfern, seinen Ruf durch ihren
Tod zu retten. Sie drängt ihn, seine Briefe zu lesen,
verabschiedet sich auf ihr Zimmer, wo sie sich – erneut in großer Aufregung – ankleidet, um hinauszugehen und das »eiskalte schwarze Wasser« (S. 88) aufzusuchen.

■ Entschluss zum Suizid

Doch Helmer tritt ihr mit dem Brief entgegen und
hält sie zurück. Was folgt, ist alles andere als die Erfüllung des »Wunderbare[n]« (S. 99): Helmer lässt seinen
eben noch geäußerten großen Worten keine Taten
folgen, sie erscheinen im Rückblick als leere Hülsen.
Sein Ruf, seine Ehre, seine Stellung in der Gesellschaft sind ihm wichtiger als das Wohlergehen seiner

32 Else Høst, »Nora«, in: Paul (s. Anm. 3), S. 180–196, hier S. 185.

Abb. 4: Szene aus einer Inszenierung von *Nora* am Deutschen Theater in Berlin von 2015 mit Katrin Wichmann als Nora und Bernd Moss als Torvald Helmer – © IMAGO / Martin Müller

■ Erbarmungslose Verurteilung Noras

■ Helmers Egoismus

Frau. Helmer sieht in ihr nur noch eine »Verbrecherin« (S. 89) ohne Moral, die mit ihrem vom Vater ererbten leichtsinnigen Verhalten seinen Erfolg vernichtet hat. Dabei vergisst er völlig, dass Nora aus Liebe gehandelt und mit ihrer Tat sein Leben gerettet hat.

Dass Helmer lediglich an sich denkt und Nora ihm in diesem Moment völlig gleichgültig ist, machen seine gefühlskalten Bemerkungen zum von ihr erwägten Selbstmord deutlich:

»Was würde es mir denn nützen, wenn du nicht mehr bist, wie du sagst? Nicht das Allergeringste! Er kann die Sache trotzdem bekannt machen; und tut er's, dann komm ich vielleicht in den Verdacht, von deiner verbrecherischen Tat gewusst zu haben. Man wird vielleicht glauben, ich hätte dahinterge-steckt – ich hätte dich dazu verleitet! Und alles das hab ich dir zu verdanken, dir, die ich während un-serer ganzen Ehe auf Händen getragen habe. Be-greifst du nun, was du mir angetan hast?« (S. 90)

Nora ist völlig desillusioniert, sie begreift, wie sehr sie sich in ihrem Mann getäuscht hat: Sie hatte fest auf ihn vertraut, vom »Wunderbare[n]« (S. 73) geträumt und ist darum bereit gewesen, für ihn zu sterben. Doch Helmer ist kein edler Held, der dazu fähig ist, sein eigenes Ansehen außer Acht zu lassen und sich über die Schranken gesellschaftlicher Konventionen zu erheben. Krogstad lag mit seiner Einschätzung richtig: Der penibel auf seinen Ruf bedachte Helmer würde nicht »mucksen« (S. 66), sondern mit aller Kraft versuchen, den Schein der eigenen Rechtschaf-fenheit zu wahren:

■ Desillusio-nierung Noras

»Die Sache muss um jeden Preis vertuscht werden. – Und was dich und mich angeht, so muss es ausse-hen, als sei alles zwischen uns wie bisher. Aber na-türlich nur nach außen. […] Von heute an gilt es nicht mehr das Glück, es gilt nur noch, die Trümmer, die Reste, den Schein zu retten –« (S. 90).

Den an Nora adressierten Brief mit dem Schuld-schein, den das Hausmädchen in diesem Moment bringt, reißt Helmer sofort an sich und ruft nach kurzer Zeit des Lesens euphorisch aus: »Nora, ich bin gerettet!« »Und ich?« (S. 91), fragt Nora. Hier beweist Helmer erneut sein egozentrisches Wesen. Sobald sein Ansehen durch die Rücksendung des Schuldscheins gerettet ist, ändert sich seine Einstellung zu Nora schlagartig. Zum ersten Mal denkt er über ihre Gefühle nach: »[D]as müssen drei entsetzliche Tage für dich gewesen sein, Nora!« (S. 91) Dass er kurz zuvor seine Liebe zu ihr aufgekündigt hat, ihre Tat scharf verurteilte, spielt für ihn keine Rolle: »Es ist vorüber, es ist vorüber!« (S. 92) Helmer, so zeigt sich hier deutlich, ist keine Person von moralischen Prinzipien – er verurteilt Nora nicht deshalb so scharf, weil sie gegen Rechtsnormen verstoßen hat, die ihm am Herzen liegen, sondern weil sie durch ihre Tat seinen Ruf gefährdet hat. In Noras starrem Gesichtsausdruck und ihrer ausbleibenden Freude deutet sich nicht, wie Helmer vermutet, ihre Ungläubigkeit angesichts seiner großmütigen Vergebung an, sondern ihre Einsicht darin, dass Helmer ihr nicht dieselbe Liebe und Aufopferungsbereitschaft entgegenbringt wie sie ihm, sondern sie vielmehr geringschätzig als sein hilfloses, ihm zu gehorchendes »Eigentum« (S. 93) betrachtet. Rückblickend wirkt die Handlungsoption des den Ruf ihres Ehemanns rettenden Suizids, zu der sie sich gerade in Erwartung des »Wunderbare[n]« (S. 73), des großmütigen Liebesbeweises Helmers, entschloss, darum falsch auf Nora.

■ Die finale Einsicht Noras

Emanzipation aus dem ›Puppendasein‹

In seiner eigenen Weltsicht und gängigen Geschlechterklischees befangen, ist Helmer erstaunt, dass Nora ihn zu einem ernsthaften Gespräch auffordert: »Setz dich, Torvald; wir beide haben viel miteinander zu besprechen.« (S. 93) Im Folgenden reflektiert Nora drei zentrale Punkte: Ihr ›Puppendasein‹ in Kindheit und Ehe, ihren Konflikt mit den herrschenden Gesetzen und Vorstellungen der bürgerlichen Gesellschaft sowie ihre Entfremdung von Helmer durch seine Reaktion auf ihre Straftat, das Ausbleiben des »Wunderbare[n]« (S. 73), des Liebesbeweises durch das Übernehmen jeglicher Schuld.

Nora, der durch Helmers scharfe Verurteilung ihres Darlehens und der Urkundenfälschung in vielerlei Hinsicht die Augen geöffnet wurden, beginnt das Gespräch mit einer Anklage: »Es ist mir viel Unrecht zugefügt worden, Torvald. Erst von Papa und dann von dir.« (S. 94) Beide hätten sie nie ernsthaft geliebt, sondern die Zeit mit ihr bloß als unterhaltsam empfunden. Ihr Vater habe sie nicht darin unterstützt, sich eigene Meinungen zu bilden. Nach ihrer Heirat sei sie weiter zur Fügsamkeit angehalten worden: »Du richtetest alles nach deinem Geschmack ein, und so bekam ich denselben Geschmack wie du; oder ich tat nur so; ich weiß nicht recht; – ich glaub, es war beides, bald das eine und bald das andere.« (S. 95)

Rückblickend erkennt Nora, dass sie nie wirklich glücklich gewesen ist: »[U]nser Heim war nichts and-

■ Fügsamkeit

■ Das Symbol der Puppe

res als eine Spielstube. Ich war deine Puppenfrau, wie ich Papas Puppenkind war. Und die Kinder wiederum waren meine Puppen. Ich war recht zufrieden, wenn du mit mir spieltest, so wie die Kinder zufrieden waren, wenn ich mit ihnen spielte. Das war unsere Ehe, Torvald.« (S. 95) Mit dem Bild der Puppe bringt Nora die Erwartungen, die die Gesellschaft und insbesondere die männlichen Mitglieder ihrer Familie an sie richten, auf den Punkt: Für Helmer ist Nora kein selbstständiger Mensch mit Bedürfnissen, die zu achten sind, und Qualitäten, die es zu schätzen und zu fördern gilt, sondern sie ist ein Objekt, ein »Eigentum« (S. 93), mit dem er sich gerne schmückt und das ihm zur Unterhaltung dient. Er gesteht seiner Frau keine Entwicklungsmöglichkeiten und keine Eigenständigkeit zu, stellt ihre Intelligenz in Abrede und erwartet von ihr, dass sie seinen Aufforderungen Folge leistet. Noras Bedürfnisse müssen hinter seinem Streben nach Ansehen und Karriere zurücktreten.

Ibsen verwendete das Bild der Puppe bereits in seinem zehn Jahre älteren Stück *Der Bund der Jugend*, wo er die Figur der Selma ausrufen lässt:

»Wie hat mich nicht gedürstet, nach einem Tropfen eurer Sorgen! Aber wenn ich bat, so hattet ihr nichts anderes als einen feinen Scherz, um mich abzuweisen. Ihr zogt mich an wie eine Puppe. Ihr spieltet mit mir, wie man mit einem Kinde spielt.«[33]

33 Zit. nach Emil Reich, »Ibsen und das Recht der Frau (1891)«, in: Friese (s. Anm. 1), S. 67–90, hier S. 75.

Im Symbol der Puppe kommt die Wut der beiden Frauen über festgefügte Geschlechterrollen – und damit die Sozialkritik, die Ibsen in seinen Stücken übt – anschaulich zum Ausdruck: Sie beanstanden, dass Frauen, ähnlich einer Puppe, als willenlos und unintelligent erachtet werden und ihnen auf dieser Grundlage Rechte, Bildungsmöglichkeiten und Mitsprache als auch Handlungsmöglichkeiten in wichtigen Bereichen des Lebens versagt werden. Während Ibsen in seinem frühen sozialkritischen Stück noch einen versöhnlichen Schluss gestaltete, lässt er Nora radikale Konsequenzen aus der Einsicht in die Ungerechtigkeit ihrer Unterdrückung ziehen.

■ Anschauliche Sozialkritik

Helmer gibt im Laufe des Gesprächs zu, dass sich Noras bisheriges Leben durch Folgsamkeit auszeichnete und sie aus den ernsthaften Fragen des Lebens ausgeschlossen blieb – durch sein Angebot, Nora von nun an zu erziehen (S. 96), macht er jedoch deutlich, dass er ein wichtiges Anliegen Noras nicht verstanden hat. Sie erachtet es als einen notwendigen Teil ihrer Emanzipation, sich nicht durch ihren Mann belehren zu lassen, sondern unabhängig von ihm Meinungen zu entwickeln und ein »Verhältnis zu […] [ihrer] Umgebung« (S. 96) zu finden. Die Trennung von ihrem Mann und ihren Kindern hält sie für notwendig, um die ersehnte Eigenständigkeit zu erlangen.

■ Notwendige Selbstbildung

Nora lehnt sich gegen die von Helmer vorgebrachte Vorstellung der bürgerlichen Gesellschaft auf, die Rolle der Frau bestehe lediglich darin, Ehefrau und Mutter zu sein, und gewichtet die Pflichten gegen

■ Aufhebung der Geschlechterdifferenz

sich selbst höher: In erster Linie sei sie ein »Mensch« (S. 97), betont Nora, und verdeutlicht damit, dass sie eine Unterscheidung zwischen Geschlechtern als irrelevant für die Pflichten und Möglichkeiten einer Person erachtet. Es sei nur legitim, dass sie sich bilden und ihr Weltbild eigenständig entwickeln wolle, unabhängig von den religiösen und moralischen Grundsätzen, die ihr in der Vergangenheit eingeschärft wurden und die sie bislang nicht kritisch hinterfragt habe.

> »Ich weiß nur, dass ich über so etwas eine ganz andere Meinung habe als du. Ich hörte ja jetzt auch, dass die Gesetze anders sind, als ich glaubte; aber dass die Gesetze richtig sein sollen, das will mir einfach nicht in den Kopf. Eine Frau soll also nicht das Recht haben, ihren alten sterbenden Vater zu schonen oder das Leben ihres Mannes zu retten! So etwas glaub ich einfach nicht.« (S. 98)

■ Auslöser fürs Hinterfragen der Geschlechterrolle

Es ist der eklatante Unterschied zwischen Noras moralischem Empfinden und den Moralvorstellungen und Gesetzen der bürgerlichen Gesellschaft, wie er angesichts Krogstads Erpressung und Helmers Empörung über Noras Darlehen und Urkundenfälschung zur Geltung kommt, der in Nora das dringende Bedürfnis nach Emanzipation auslöst. Helmers Bemerkung, sie verstehe die Gesellschaft nicht, in der sie lebe, entgegnet sie ruhig: »Nein, ich versteh sie auch nicht. Aber jetzt will ich sie kennenlernen. Ich muss mich davon überzeugen, wer recht hat, die Gesellschaft oder ich.« (S. 98)

Mit dem plötzlichen Wunsch nach Emanzipation geht für Nora die ebenso schlagartige Erkenntnis einher, dass ihre Liebe zu Helmer erloschen ist. Noras Liebe beruhte auf der Annahme, dass Helmer genauso dazu bereit ist, Unterstützung und Aufopferung für Nora zu leisten wie diese für ihn. Sie war von seiner grenzenlosen Liebe überzeugt, doch seine wütende Verurteilung ihrer selbstlosen Straftat, das Ausbleiben des »Wunderbare[n]« (S. 73), der sie schützenden, selbst- und furchtlosen Schuldübernahme durch Helmer, haben Nora erkennen lassen, dass sie sich in ihm getäuscht hat. Dass Torvald seine Selbstlosigkeit und Aufopferungsbereitschaft zwar beteuert (S. 55, 87 f.), sein geringschätziges, verniedlichendes und gebieterisches Verhalten gegenüber Nora aber im Widerspruch zu seinen Worten steht, könnte darauf hindeuten, dass Nora im Laufe ihrer Ehe zwar kein klares Bewusstsein, aber bereits eine Ahnung davon bekommen hat, dass sie einander nicht im selben Maße lieben. Nora entschließt sich nicht wegen eines Einzelfalls zur Trennung von Helmer, sondern deshalb, weil die finale Auseinandersetzung ihr aufs deutlichste die patriarchale Unterdrückung bewusst macht, die sich im Rückblick wie ein roter Faden durch ihr Leben zieht und die sie immer wieder, wenn auch unbewusst, wahrgenommen haben muss. So ist es naheliegend, dass Nora etwa Helmers Wut und Abwertung angesichts ihres Vorschlags, für die Itali-

■ Ende einer Liebe

■ Verdrängte Ahnung

enreise ein Darlehen aufzunehmen, als ungerecht empfand: »Aber da wurde er fast zornig, Christine. Ich sei leichtsinnig, sagte er, und es sei seine Pflicht als Ehemann, meinen Launen und Kaprizen [...] nicht nachzugeben.« (S. 22) »Nur weil es ihr schon leise dämmerte, kann der Eintritt der Katastrophe sie dann in jener, ihr Wesen von Grund aus verändernden Weise beeinflussen, wie dies die letzte Szene darstellt.«[34] Indem Nora zunächst an ihrem Traum vom »Wunderbare[n]« (S. 73) festhält, gelingt es ihr vorerst, die Ahnungen über das egozentrische Wesen Helmers und ihre eigene Unterdrückung zu verdrängen. Entsprechend erscheint ihr Helmer, der am Ende des Stückes offen bekundet, dass seine zuvor suggerierte bedingungslose Aufopferungsbereitschaft leere Versprechungen waren (»niemand opfert der, die er liebt, seine *Ehre*«, S. 100), »fremd[ ]« (S. 100).

■ Entfremdung

Auch wenn das Ende des Stückes wie eine Katastrophe anmuten mag – Nora beschließt, schwer enttäuscht, ihre Familie zu verlassen, nachdem sie feststellen muss, dass die althergebrachten Rollenerwartungen und das Ehrgefühl ihres Mannes ihrem Drang nach Emanzipation unvereinbar gegenüberstehen – Ibsen beendet das Stück nicht mit einem endgültigen Schluss, die Handlung ist nicht auserzählt. Mit ihrer Zukunftsvision des »Wunderbarste[n]« (S. 102) eröffnet Nora zumindest die Möglichkeit eines erneuten Zusammenlebens zweier gleichberechtigter Eheleute, auch wenn sie selbst nicht daran glaubt:

■ Das »Wunderbarste«: gleichberechtigte Ehe

34 Reich (s. Anm. 33), S. 77.

HELMER. Nora – kann ich dir niemals mehr als ein
   Fremder sein?

NORA *(nimmt ihre Reisetasche)*. Ach, Torvald, dann
   müsste das Wunderbarste geschehen. –

HELMER. Nenne mir dieses Wunderbarste!

NORA. Dann müssten wir beide, du und ich, uns so
   verändern, dass – ach, Torvald, ich glaube nicht
   mehr an das Wunderbare.

HELMER. Aber ich will daran glauben. Sprich es
   aus! Uns so verändern, dass –?

NORA. Dass ein Zusammenleben zwischen uns beiden eine Ehe werden könnte. Leb wohl. (S. 102)

Die Tür, die nach Noras Aussprache mit Helmer laut
Regieanweisung dröhnend hinter ihr ins Schloss
fällt, vermittelt die Endgültigkeit ihres Fortgangs –
doch die Möglichkeit einer Versöhnung zweier sich
auf Augenhöhe begegnender Ehepartner bleibt bestehen.

Ibsens *Nora* wurde als »klassisches Drama der Frauenemanzipation«[35] bejubelt. Es wurde von der Frau- ■ Rezeption
enbewegung in ihrem Kampf um Bildung und politi- durch
sche Gleichberechtigung zitiert und dabei – je nach Frauenbe-
Richtung der Frauenbewegung – auf vielfältige, heute wegung
teils widersprüchlich anmutende Weise den eigenen
Forderungen zunutze gemacht. Die in *Nora* enthalte-
ne Kritik wurde dabei teilweise stark vereinfacht und

35 Michaela Giesing, *Ibsens Nora und die wahre Emanzipation
   der Frau. Zum Frauenbild im wilhelminischen Theater*,
   Frankfurt a. M. 1984, S. 89.

den eigenen – nicht unbedingt emanzipatorischen – Zielen angepasst, was ein Beispiel aus dem *Wanderer. Monatsschrift für Jugendsinn und Wanderlust* von 1909 verdeutlichen kann: »Die Frau hat ein Recht, die Gedanken ihres Mannes zu teilen. Der Mann hat die Pflicht, sie in sein Denken und Fühlen einzuführen, damit sie ihm nicht geistig fremd gegenüberstehe.«[36] – »Eigene Gedanken hat die Frau offensichtlich nicht«,[37] wurde hierzu treffend kommentiert. Dass eine solche Deutung dem in *Nora* formulierten Emanzipationsanspruch nicht gerecht wird, muss hier wohl nicht eigens dargelegt werden.

Ob Ibsen das Drama in einer didaktischen und reformatorischen Absicht verfasst hat, zu einer Emanzipation der Frauen einen Beitrag leisten wollte oder nicht, darüber ist viel diskutiert worden. Sicher ist, dass Nora als realistisches Gegenwartsdrama des 19. Jahrhunderts Probleme der Zeit thematisiert und somit auch einen Beitrag zur Debatte über die Stellung der Frau darstellt: »›Ein Puppenheim‹ ist 1879 geschrieben, zur Zeit des in Blüte stehenden Emanzipationsstreites in Norwegen […].«[38]

Beitrag zur Debatte

---

36 Paul Kröger, »Henrik Ibsens *Nora*. Eine literarische Studie«, in: *Wanderer* 4 (1909), zit. nach: Giesing (s. Anm. 35), S. 106.
37 Giesing (s. Anm. 35), S. 106.
38 Høst (s. Anm. 32), S. 193.

Motivik: Maske, Versteck, Spiel

Neben der Puppe erhalten in Ibsens *Nora* einige weitere Sprachbilder leitmotivische Funktion. So ziehen sich die mit verschiedenen Bedeutungen versehenen Motive der Maske und des Verstecks durch das gesamte Stück: Krogstad, so merkt Helmer an, war gezwungen, vor Frau und Kindern »eine Maske [zu] tragen« (S. 43), um seine Straftaten und Schuldgefühle zu kaschieren, und Nora bemerkt, bevor sie Helmer um die finale Aussprache bittet, sie müsse »[d]en Maskenanzug ablegen« (S. 92) – eine Bemerkung, die man wörtlich verstehen kann, denn Nora will sich ihres Kostüms für den Maskenball entledigen, die sich aber auf metaphorischer Ebene auch darauf beziehen kann, dass sie nach ihrer erschreckenden Einsicht in Helmers Charakter und ihre Ehe alle beschönigenden Hoffnungen beiseitetun will und eine aufrichtige Aussprache mit Helmer anstrebt. Auch der Umstand, dass Ibsen die örtliche Gesellschaft bei einer Maskerade, einem Kostümball, zusammenkommen lässt, ist bezeichnend, mag sich im Bild der Maske, des Kostüms doch andeuten, dass hier Leute zusammentreffen, die stets um ihr Ansehen bemüht sind und sich darum verstellen, ihre wahren Gedanken nicht preisgeben. Helmer etwa will sich mit seiner tanzenden Frau schmücken und den Anwesenden so vermutlich den eigenen Frohsinn und die eigene Kultiviertheit vor Augen führen – dahinter verbirgt sich jedoch der Wunsch, sich

■ Leitmotive

■ Maske und Maskerade

in seinem Umfeld möglichst beliebt zu machen und sein Ansehen zu sichern. Dr. Rank gibt sich amüsiert – und verbirgt hinter seiner Ausgelassenheit sein Wissen um seinen bevorstehenden Tod, an dem er seine Umwelt, womöglich aus Stolz, nicht teilhaben lassen will.

Das Versteck

Das erste gesprochene Wort im Drama lautet »Versteck« (S. 7). Es ist bezeichnend, dass Nora es ist, die dieses Wort ausspricht und damit ein semantisches Wortfeld eröffnet, das sich über Geheimnisse und Lügen bis hin zu Kostüm und Maskerade erstreckt. Das Motiv des Verstecks findet sich im Verlauf des Stückes wieder: Figuren verstecken Gegenstände – wie den Weihnachtsbaum, die Makronen (S. 7, 29) – oder sich selbst – Dr. Rank »versteckt […] sich wie ein verwundetes Tier« (S. 87), nachdem er Gewissheit über sein baldiges Ableben hat; Helmer fordert Nora dazu auf, sich zu verstecken, als er Krogstads Besuch fürchtet (S. 92); Nora spielt mit ihren Kindern Verstecken (S. 31); die Gäste des Maskenballs verstecken ihr Äußeres hinter einer Verkleidung. Dass die Figuren physische Objekte, Körper verbergen, macht das abstraktere Phänomen des Verheimlichens anschaulich. Bereits zu Beginn des Dramas wird durch die versteckten Makronen deutlich, dass Nora es mit der Wahrheit nicht allzu genau nimmt: Sie hat »Weihnachtsgeheimnisse« (S. 12) vor Helmer. Damit ist ein wesentlicher Charakterzug Noras, nämlich ihre Unaufrichtigkeit, bereits angedeutet, bevor das Ausmaß ihrer Verheimlichung deutlich wird – auch das

Symbole der Unaufrichtigkeit

schwerwiegende Geheimnis um die Finanzierung der lebensrettenden Reise will Nora ihrem Mann vorerst nicht preisgeben. Dr. Ranks Plan, sich zu verstecken, sich zum Sterben in sein Krankenzimmer zurückzuziehen, in das er niemanden einlassen will, illustriert seine Unaufrichtigkeit Helmer gegenüber, den er angeblich aus Schonung, möglicherweise aber auch aus Scham, als Sterbender selbst zum von Helmer verabscheuten »Hässliche[n]« (S. 57) zu werden, nicht an seinem Sterben teilhaben lässt. Das Versteck und die Maske sind somit zwei zentrale Motive in *Nora*, die die Unehrlichkeit der Figuren symbolhaft deutlich machen.

Ihre Ehe beschreibt Nora als »Spiel []« (S. 96), ihr Heim als »Spielstube« (S. 95). Mit diesem Sprachbild macht Nora zweierlei deutlich: Erstens bringt sie – ähnlich wie mit dem Bild der Puppe – zum Ausdruck, dass sie sich von Helmer, wie einstmals von ihrem Vater, nicht ernst genommen fühlt: Für die beiden Männer dient Nora bloß der Unterhaltung, dem Vergnügen (das als Wirkung des Spielerischen erachtet werden kann), während ihre eigenen Bedürfnisse außer Acht bleiben. Zugleich deutet Nora aber auch an, dass das Eheleben von Unaufrichtigkeit geprägt ist: Das spielerische Verstecken, das Sich-Maskieren als Variante des Spiels impliziert die Täuschung, wie sie charakteristisch für den Umgang der Figuren miteinander ist. In der Schlussszene bemerkt sie hierzu: »Ich lebte davon, dass ich dir Kunststücke vormachte, Torvald« (S. 95), wobei der von Nora an dieser Stelle ge-

■ Das Spiel

nutzte Begriff sich einerseits auf ihre unterhaltsamen Darbietungen, das vorgeführte Spiel, beziehen lässt, andererseits aber auch auf ihre Heimlichkeiten, durch die sie innerhalb der Ehe persönlichen Freiraum erlangte.

7. Autor und Zeit

Biografie

Skien und Grimstadt: Kindheit und Jugend

Henrik Johan Ibsen kommt am 20. März 1828 in der Stadt Skien an der Südküste Norwegens, seinerzeit die wichtigste Hafenstadt des Landes, als ältestes Kind des wohlhabenden Ehepaars Marichen Cornelia Martine Ibsen, geb. Altenburg, und Knud Plesner Ibsen, einem erfolgreichen Kaufmann, zur Welt. Seine Eltern gehören zu den angesehensten Familien in Skien. Dort wächst Ibsen gemeinsam mit seiner Schwester und seinen drei Brüdern zunächst in einem großen Haus im Zentrum der Stadt mit mehreren Bediensteten auf und besucht die Bürgerschule.

Im Jahr 1835 geht Ibsens Vater in Konkurs, wodurch die Familie ihr Stadthaus verliert. Die Ibsens ziehen auf das ländliche Gut Venstøp, den Sommersitz der Familie. Der finanzielle Ruin des Vaters und die darauffolgende soziale Deklassierung der Familie prägen Ibsen, der diese Themen wiederholt in seinen Werken bearbeitet. Da die finanzielle Situation den Besuch der öffentlichen Lateinschule nicht zulässt, wird Ibsen bis zu seiner Konfirmation in einer kleinen Privatschule in Skien unterrichtet.

Im Alter von 15 Jahren zieht Ibsen nach Grimstadt, einem kleinen Ort mit damals etwa 800 Einwohnerinnen und Einwohnern, um dort eine Lehre beim Apotheker Reimann anzutreten. Er beginnt ein Ver-

Angesehene Kaufmannsfamilie

Konkurs des Vaters

Lehre zum Apotheker

hältnis mit einer Hausangestellten der Reimanns, Else Sophie Jensdatter Birkedalen, die am 9. Oktober 1846 seinen ersten Sohn Hans Jacob Henriksen als uneheliches Kind zur Welt bringt. Die Unterhaltszahlungen für seinen Sohn, zu dem Ibsen lebenslang keinen engeren Kontakt hat, bringen ihn in finanzielle Schwierigkeiten.

Neben dem Beruf – er arbeitet nach der Lehre als Apothekengehilfe bei Reimanns Nachfolger Larson – bereitet Ibsen sich auf das Abitur vor und schreibt unter dem Eindruck politischer Ereignisse wie der französischen Februarrevolution 1848 erste politisch inspirierte literarische Werke, u. a. Gedichte und bissige Satiren. Sein erstes historisches Drama *Catilina* entsteht, das 1850 unter dem Pseudonym Brynjolf Bjarne im Privatdruck erscheint.

■ Erste literarische Werke

Christiania und Bergen: Ibsens literarische Lehrzeit

Ibsen zieht 1850 nach Christiania, dem heutigen Oslo, mit dem Ziel, sein Abitur abzulegen und anschließend Medizin zu studieren. Seine Heimatstadt Skien besucht er auf dem Weg dorthin zum letzten Mal. Ibsen fühlt sich von seiner Familie entfremdet, da diese – bis auf seinen Vater – vom religiösen Eifer des derzeit in Skien predigenden Gustav Adolph Lammers ergriffen worden ist, der die völlige Unterwerfung unter Gottes Willen fordert. Ibsen hingegen hat sich während seiner Jahre in Grimstadt gänzlich von religiösen Vorstellungen befreit.

■ Entfremdung von der Familie

Abb. 5: Porträt von Henrik Ibsen von Daniel Georg Nyblin
(um 1863) – Norwegische Nationalbibliothek

In Christiania besucht Ibsen Kurse in »Heltbergs Abiturientenfabrik« und legt die Prüfungen ab; erscheint jedoch nicht zu den erforderlichen Nachprüfungen in den Fächern Griechisch und Arithmetik, woran sein Abitur scheitert. Dafür kann er seinen ersten literarischen Erfolg feiern: Das Christiania-Theater führt am 26. September 1850 sein Stück *Das Hünengrab* auf. In dieser Zeit, in der die revolutionäre Welle auch Norwegen erreicht, wird Ibsen politisch aktiv. Bereits in Grimstad hatte Ibsen sich politisch radikalisiert, unter dem Einfluss des politischen Lebens in Christiania gewinnt er noch radikalere politische Ansichten. Er schreibt für die Zeitung der norwegischen Arbeiterbewegung der Thraniter, welche die Ideen des Sozialisten Marcus Thrane propagieren. Dieser fordert das allgemeine Wahlrecht, die Gleichheit vor dem Gesetz, die stärkere Besteuerung von Reichen und die staatliche Unterstützung verarmter Bauern mit kultivierbaren Feldern. Die Regierung holt 1851, nachdem eine Versammlung die Revolution beschloss, zum Schlag gegen die Thraniter aus, lässt die Arbeitervereinigung verbieten und ihre Anführer verhaften – Ibsen entgeht nur knapp dem Arrest. Neben seinem politischen Engagement betätigt sich Ibsen vor allem literarisch. Er wird Mitglied des Intellektuellenzirkels um Paul Botten-Hansen. Mit ihm und dem gemeinsamen Freund Aasmund Olavsson Vinje gibt Ibsen eine satirische Zeitung heraus; zudem freundet er sich mit dem späteren Literaturnobelpreisträger Bjørnstjerne Bjørnson an.

■ Literarischer Erfolg

■ Politisches Engagement

Seine ersten literarischen Erfolge ermöglichen Ibsen eine Anstellung als künstlerischer Leiter am Norwegischen Theater in Bergen, die er im November des Jahres 1851 antritt. In den folgenden sechs Jahren arbeitet er dort als Dramaturg und Theaterdichter: Laut Vertrag soll er alle Aufführungen inszenieren sowie jährlich ein Stück zum Repertoire des Theaters beisteuern. In diesem Zusammenhang entstehen seine Dramen *Die Johannisnacht* (UA 1853), *Frau Inger auf Östrot* (UA 1855), *Das Fest auf Solhaug* (UA 1856), *Olaf Liljekrans* (UA 1857) und *Helden auf Helgeland* (UA 1858).

■ Leitung des Norwegischen Theaters

1852 erhält Ibsen ein Stipendium der Theaterverwaltung und besucht die Theaterstädte Kopenhagen und Dresden. Bedeutend für Ibsens künstlerische Entwicklung scheinen die Eindrücke zu sein, die er von der Dresdener Theaterwelt gewinnt. Er lernt eine realistisch orientierte Dramatik kennen und studiert Hermann Hettners Werk *Das moderne Drama*, das kurz vor erschienen ist (siehe dazu auch das Kapitel 5: »Quellen und Kontexte« dieses Lektüreschlüssels, S. 62 f.). Hettner strebt eine völlige Neubestimmung des Theaters an. Sein Programm schlägt sich in Ibsens Werk ebenso nieder wie in dem der deutschen Naturalisten.

■ Studienreise nach Kopenhagen und Dresden

Ibsen wird 1857 als künstlerischer Leiter des Norwegischen Theaters in Christiania tätig. 1858 heiratet er Suzannah Thoresen, die er zwei Jahre zuvor in Bergen kennengelernt hat; bereits ein Jahr später wird er Vater: Sein Sohn Sigurd Ibsen wird am 23. Dezember 1859 ge-

■ Heirat und Geburt des Sohnes Sigurd

Abb. 6: Porträt von Suzannah Ibsen – Norwegische National-
bibliothek

boren. Die Familie lebt in ökonomisch dürftigen Verhältnissen, die sich noch verschärfen, weil das Norwegische Theater, das schon länger mit finanziellen Problemen zu kämpfen hat, im Herbst 1862 bankrottgeht. Im Januar 1863 wird Ibsen als literarischer Berater am Christiania-Theater tätig, seine Einkünfte sind dürftig. Dennoch entstehen auch in dieser Zeit Stücke, so 1862 die *Komödie der Liebe* und 1863 *Die Kronprätendenten*.

In der Folge hat Ibsen es in Norwegen schwer und sieht sich erstmals der Kritik ausgesetzt – die *Komödie der Liebe*, in der Ibsen auf satirische Weise die Ideale der Romantik herabsetzt, löst beim Publikum zunächst Unverständnis aus. In einem Brief an die norwegische Regierung bittet Ibsen 1863 um ein Reisestipendium und kündigt zugleich an, die Heimat verlassen zu wollen. Im Herbst bewilligt das Storting, das norwegische Parlament, Ibsens staatliches Stipendium; zudem veranstaltet sein Freund Bjørnstjerne Bjørnson eine Geldsammlung für ihn, sodass er im darauffolgenden Jahr mit seiner Familie nach Italien ausreisen kann.

■ Bitte um Reisestipendium

Rom, Dresden und München: Der literarische Durchbruch

Ibsen verlässt seine Heimat im April 1864 und lebt die nächsten 27 Jahre, bis 1891, in Italien und Deutschland. In dieser Periode reist er nur für wenige und kurze Besuche nach Norwegen; seine bedeutendsten Werke entstehen im Ausland.

Abb. 7: Porträt von Henrik Ibsen aus dem Jahr 1879
von Henrik Olrik

Ibsen verbringt die ersten vier Jahre nach seiner Ausreise, von 1864 bis 1868, überwiegend in Rom. Die finanzielle Situation ist schwierig, sodass die Familie auf Spenden aus der Heimat angewiesen ist. Mit *Brand* gelingt ihm 1866 der literarische Durchbruch: Das Versdrama handelt von einem Priester, der seine Ideale kompromisslos – also ohne Rücksicht auf die bürgerliche Gesellschaft oder private Opfer – zu verwirklichen versucht. Das Drama erscheint auf Empfehlung von Bjørnson im angesehenen Kopenhagener Verlag Gyldendal von Frederik Hegel; innerhalb eines Jahres werden vier Auflagen gedruckt. Ibsen gilt fortan als einer der bedeutendsten skandinavischen Schriftsteller und erhält vom norwegischen Staat eine jährliche Dichtergage, wodurch sich seine finanzielle Situation verbessert. Ein Jahr später verfasst er das ebenfalls sehr erfolgreiche märchenhafte Versdrama *Peer Gynt* (1867), das die nordische Mythenwelt aufgreift.

■ Ibsens literarischer Durchbruch

1868 zieht Ibsen von Italien nach Deutschland und wohnt die nächsten sieben Jahre in Dresden, bevor er im Jahr 1875 nach München übersiedelt. Seine Komödie *Der Bund der Jugend*, in der die Profitgier und Phrasenhaftigkeit von Politikern zur Schau gestellt wird, gelangt 1869 zur Uraufführung und erfreut sich nach erster Ablehnung äußerster Beliebtheit. Ibsens einzige Gedichtsammlung *Gedichte* wird 1871 veröffentlicht; 1872 erscheinen die ersten Übersetzungen von Ibsens Werken ins Deutsche (*Brand, Die Kronprätendenten, Der Bund der Jugend*). Seine Eindrücke

■ Leben und Wirken in Dresden

vom deutsch-französischen Krieg 1870/71 fließen in das zweiteilige historische Drama *Kaiser und Galiläer* (1873) ein. In Dresden lernt Ibsen im Winter 1870/71 auch die norwegische Schriftstellerin Camilla Collett kennen, die die Rechtlosigkeit der Frau in der Gesellschaft anprangert und in Ibsen ein Interesse an Frauenrechten weckt. Ihr Roman *Die Töchter des Amtmanns*, der bereits 1854/55 erschien, setzte die erste weitläufigere Diskussion über die Stellung der Frau in Norwegen in Gang. Der Kontakt bleibt bestehen, und auch Ibsens Frau freundet sich mit Collett an.[39]

> **Bekanntschaft mit Frauenrechtlerin Collett**

Von nun an wendet sich Ibsen dem realistischen Gegenwartsdrama zu, dem Genre, das ihn weltberühmt machen wird. Insbesondere sein Drama *Die Stützen der Gesellschaft* (1877) erzielt auf Anhieb einen großen Erfolg – es wird im Februar 1878 gleichzeitig an fünf Berliner Bühnen gespielt.[40]

> **Hinwendung zum Gesellschaftsdrama**

Dieses Stück, das Doppelmoral und lügenhafte Heuchelei sowie das reine Nützlichkeitsdenken des Kapitalismus kritisiert, markiert eine Wende in Ibsens dramatischem Schaffen: Mit der Hinwendung zum Gegenwartsdrama wird er in Deutschland zum anerkannten Dramatiker. Die jungen Schriftsteller des Naturalismus erkennen in Ibsens gesellschaftskritischen Werken ihr eigenes Programm wieder, sodass er von nun an einen bedeutenden Einfluss auf die literarische Entwicklung in Deutschland ausübt.

> **Ibsen wird zum Vorbild der Naturalisten**

39 Gundlach (s. Anm. 6), S. 343.
40 Rüdiger Bernhardt, *Henrik Ibsen und die Deutschen*, Berlin 1989, S. 206.

Nach der Verleihung der Ehrendoktorwürde 1877 in Uppsala siedelt Ibsen 1878 erneut nach Rom über und lebt dort die nächsten sieben Jahre; 1885 reist er nach Norwegen und zieht anschließend wieder nach München. Diese Zeit ist die produktivste Schaffensphase Ibsens: 1879 stellt er an der Amalfiküste das Drama *Nora – Ein Puppenheim* fertig, das am 21. Dezember am Königlichen Theater in Stockholm uraufgeführt wird und dessen deutsche Erstaufführung in Flensburg am 6. Februar 1880 mit geändertem Schluss realisiert wird. In den folgenden Jahren entstehen zahlreiche weitere erfolgreiche Stücke, so u. a. *Gespenster* (UA 1882), *Ein Volksfeind* (UA 1883) und *Die Wildente* (UA 1885). Diese gehören noch in die Reihe der antibürgerlichen sozialkritischen Dramen seiner zweiten entscheidenden Schaffensperiode, wobei sich in *Die Wildente* bereits die stärkere Hinwendung zum Individuum andeutet, die im Folgenden bestimmend wird.

■ Entstehung und Uraufführung von *Nora*

In diese Zeit fällt auch ein Ereignis, das Ibsens Befürwortung der Gleichberechtigung von Männern und Frauen verdeutlicht: Im Skandinavischen Verein in Rom stellt Ibsen im Winter 1878/79 zwei Anträge, in denen er das aktive und passive Wahlrecht für Frauen fordert: Er will durchsetzen, dass Frauen an den Vorstandswahlen teilnehmen und sich selbst um Vorstandsposten bewerben können. Mit beiden Anträgen scheitert er.

■ Anträge auf Frauenwahlrecht

Rückkehr nach Norwegen: Ibsens Spätwerk

Henrik Ibsen kehrt 1891 als berühmter Schriftsteller nach Norwegen zurück und bezieht im Oktober eine Wohnung im Zentrum von Christiania. Ein Jahr später heiraten sein Sohn Sigurd und Bergliot Bjørnson, die Tochter seines befreundeten Dichterkollegen. Es entstehen weitere Werke; diese Stücke sind stärker individualpsychologisch motiviert und werden dem symbolischen Realismus, einer Unterströmung des Realismus zugerechnet, die neben sinnlich Erfahrbarem auch den Bereich des Transzendenten, des nicht mittels des Verstandes Ergründbaren, in den Mittelpunkt rückt und dadurch eine weniger harte Abkehr von den Idealen der Romantik bedeutet: *Rosmersholm* (UA 1887), *Die Frau vom Meer* (UA 1889), *Hedda Gabler* (UA 1891), *Baumeister Solness* (UA 1893), *Klein Eyolf* (UA 1895) und *John Gabriel Borkmann* (UA 1896). Ibsen wird zu seinem 70. Geburtstag 1898 in den skandinavischen Hauptstädten mit zahlreichen Feiern und Umzügen geehrt; im S. Fischer Verlag Berlin erscheint die Gesamtausgabe seiner Werke.

■ Gesamtausgabe erscheint im S. Fischer Verlag

Ein Jahr später erscheint sein letztes Werk *Wenn wir Toten erwachen. Ein dramatischer Epilog* (UA 1900), das verschiedene Themen seines Gesamtwerks aufgreift und in der Lebensgeschichte eines Künstlers miteinander verbindet. In diesem Jahr wird auch das neue Nationaltheater Norwegens eingeweiht, seine Fassade wird von Statuen flankiert, die Ibsen und

Abb. 8: Statue Henrik Ibsens vor dem Nationaltheatret in Oslo – © Ekely

Bjørnson darstellen (siehe Abb. 8). 1900 erleidet Ibsen einen Schlaganfall und kann von da an nicht mehr arbeiten. Er stirbt am 23. Mai 1906 in Christiania und wird in einem Staatsbegräbnis beigesetzt.

■ Staatsbegräbnis in Christiania

Ibsens Werke

Entstehungs-zeit[41]	Titel	deutschsprachige Erstaufführung[42]
1849–50	*Catalina*	1906: Zürich
1849–50	*Das Hünengrab*	1900: Wien
1852	*Die Johannisnacht*	–
?–1854	*Frau Inger auf Östrot*	1878: Berlin
1855	*Das Fest auf Solhaug*	1891: Wien
1856	*Olaf Liljekrans*	–
1854–57	*Die Helden auf Helgeland*	1876: München
1862	*Komödie der Liebe*	1896: Berlin
1858–63	*Die Kronprätendenten*	1876: Meiningen
1865	*Brand*	1898: Berlin
1867	*Peer Gynt*	1902: Wien
1868–69	*Der Bund der Jugend*	1891: Berlin
1864–73	*Kaiser und Galiläer*	1896: Leipzig
1870–77	*Die Stützen der Gesellschaft*	1878: Berlin
1879	*Nora – Ein Puppen-heim*	1889: Flensburg
1881	*Gespenster*	1886: Augsburg
1882	*Ein Volksfeind*	1887: Berlin

41 Daten der Entstehungszeit nach dem Dossier zu Ibsen auf
    der Website der Norwegischen Botschaft in der Schweiz,
    amb-norwegen.ch/ibsen/plays/ (Stand: 22. 10. 2021).
42 Daten der deutschsprachigen Erstaufführungen nach Friese
    (s. Anm. 1), S. 141 f.

1884	*Die Wildente*	1888: Berlin
1886	*Romersholm*	1887: Augsburg
1888	*Die Frau vom Meer*	1889: Weimar
1890	*Hedda Gabler*	1891: München
1892	*Baumeister Solness*	1893: Berlin
1894	*Klein Eyolf*	1895: Berlin
1896	*John Gabriel Borkman*	1897: Frankfurt a. M.
1899	*Wenn wir Toten erwachen*	1900: Stuttgart

Die Stützen der Gesellschaft (UA 1877)

Mit seinem ersten gesellschaftskritischen Gegenwartsdrama, das Ibsens literarischen Durchbruch in Deutschland begründet, prangert er auf ironisch-sarkastische Weise die heuchlerische Moral der bürgerlichen Gesellschaft Ende des 19. Jahrhunderts an und kritisiert zugleich das kapitalistische Profitdenken. Die selbsternannten »Stützen der Gesellschaft« demaskieren sich im Verlauf des Stücks als skrupellose Betrüger, die sich gegenseitig hinters Licht führen und bereit sind, für ihre Ziele über Leichen zu gehen. Im Zentrum der Geschehnisse steht der angesehene Reeder Konsul Bernick, ein spekulationsfreudiger Geschäftsmann, der sich in seinem Küstenstädtchen als Wohltäter und Beschützer der Moral ausgibt, dessen Leben und Karriere jedoch letztlich auf einem Fundament aus Lügen fußen, die im Drama nach und nach enthüllt werden. Rhetorisch geschickt – also ganz Politiker – versucht Bernick, seinen Kopf aus der Schlinge zu ziehen, als diese immer enger wird, indem er Teile der Wahrheit preisgibt. Er gibt sich geläutert und wähnt sich am Ende gesellschaftlich rehabilitiert, doch der durch Ironie überzeichnete Schluss zieht die Frage nach sich, wie dieser letzte Schachzug zu verstehen ist.

Gespenster (UA 1882)

Ibsens dreiaktiges Familiendrama kreist um die Lebenslüge von Helene Alving, die ihre eigenen Bedürfnisse den gesellschaftlichen Moral- und Pflichtvorstellungen opfert, was in eine Katastrophe mit tödlichem Ausgang mündet. Ibsens *Gespenster* kann als Gegenstück zu *Nora* gelten, da es die Folgen einer Realitäts- und Selbstverleugnung vor Augen führt: Im Gegensatz zu Nora hat Helene ihren Mann, den Kammerherrn Alving, nicht verlassen, sondern opfert ihr eigenes Glück, um seinen wahren Charakter und die Realität ihrer Ehe zu überdecken. Helene Alving will zehn Jahre nach dem Tod ihres Mannes ihm zu Ehren ein Kinderheim eröffnen. In der Folge enthüllt das Drama, dass ihr Mann alles andere als ehrenhaft war. Obwohl sie bereits im ersten Ehejahr von seiner Untreue erfährt, bleibt sie aufgrund althergebrachter Moralvorstellungen und auf Anraten des geistlosen Pastors Manders bei ihm. Ihr Pflichtgefühl führt so weit, dass sie Regine, die außereheliche Tochter ihres Mannes, als Dienstmädchen aufnimmt; gleichzeitig gibt sie ihren Sohn Osvald außer Haus, damit dieser nichts vom ausschweifenden Leben seines Vaters mitbekommt. Nach einigen Jahren kehrt Osvald nach Hause zurück. Als er Regine heiraten will, gesteht Helene ihre Lebenslüge ein. Sie erkennt zu spät, dass sie den Lebenswandel ihres Mannes nicht hätte verschleiern dürfen – die Konsequenzen sind nicht mehr aufzuhalten.

Die Wildente (UA 1888)

Geheimnisse, Intrigen und Verrat sind wiederkehrende Themen in Ibsens Werk. Dass das bedingungslose Streben nach der Wahrheit nicht unbedingt Gutes bewirkt, sondern fatale Folgen haben kann, macht Ibsen in *Die Wildente* deutlich. Gregers Werle kehrt nach 17 Jahren in seine frühere Heimat zurück, um Licht in das Lügenkonstrukt seines Vaters zu bringen. Er zieht in das Haus seines Jugendfreunds Hjalmar Ekdal, der unwissentlich in die Machenschaften des Konsuls Werle verwickelt ist und sein Leben in Illusionen verbringt. Die Lebenswege der beiden Familien sind seit Jahrzehnten eng miteinander verflochten: Ihre beiden Väter hatten geschäftlich miteinander zu tun, wodurch der alte Ekdal ins Gefängnis musste und ruiniert wurde; Werle hingegen kam davon. Hjalmars Frau Gina Hansen, mit der er eine zehnjährige Tochter hat, war früher als Hausmädchen im Hause Werle tätig und soll mit dem alten Werle eine Affäre gehabt haben. Gregers vermutet, dass Hjalmars Tochter

Hedvig die leibliche Tochter seines eigenen Vaters und somit seine Halbschwester ist. Er will seinem Freund unter allen Umständen die Augen öffnen und verkennt dabei bis zuletzt, dass er mit seiner Forderung nach der Wahrheit Unglück über die Familie Ekdal bringt. Seine Wahrheitssuche kostet in letzter Konsequenz der kleinen Hedvig das Leben, die durch ihren Selbstmord vollends mit der zentralen Metapher des Dramas, der angeschossenen Wildente, verschmilzt.

8. Rezeption

Erstveröffentlichung und Uraufführung

Bereits als Buch wurde *Nora* zum Publikumserfolg:
Die erste Auflage von 8000 Exemplaren, die im Dezember 1879 erschien, war innerhalb eines Monats
vergriffen. Bereits im Januar und März 1880 erschienen die zweite und dritte Auflage mit je 4000 und
2500 Exemplaren.[43] Die Uraufführung, die am 21. Dezember 1879 am Königlichen Theater in Kopenhagen
stattfand, wurde mit Spannung erwartet und ein voller Erfolg; *Nora* wurde einundzwanzigmal in Folge
aufgeführt.

Die Kritiken der Uraufführung konzentrierten sich ■ Zeitgenös-
nicht auf die Frage der Frauenrechte oder auf Noras sische
Anklagen in der Diskussionsszene: Kritiken

> »Was die Aufmerksamkeit der Uraufführungsre-
> zensenten von ›Ein Puppenheim‹ in Anspruch
> nahm, stand unmittelbar in Verbindung mit den
> Eindrücken der Aufführung. Sie beschäftigten sich
> mit der psychologischen Motivation von Noras
> Handlungen, mit der Reaktion des Publikums auf
> die Atmosphäre pessimistischer Düsterkeit und
> nicht zuletzt mit der dramatischen Rechtfertigung
> des offenen Schlusses.«[44]

43 Kühne (s. Anm. 9), S. 56.
44 Frederick Marker / Lise-Lone Marker, »The First Nora: Notes
   on the World Première of *A Doll's House*«, in: *Contemporary*

Sympathien für Helmer

Hinsichtlich der Charaktere lagen die Sympathien der Kritiker fast einhellig auf Helmers Seite, Noras Entscheidung, sich ihrem Mann in der Not nicht anzuvertrauen und am Ende ihre Familie zu verlassen, wurde als realitätsfern und nicht nachvollziehbar empfunden.[45] Lediglich der dänische Schriftsteller und Politiker Edvard Brandes, der forderte, dass moderne Literatur aktuelle Probleme zur Debatte stellen müsse, erkannte Helmer als »intellektuellen Aristokraten ohne Verstand, anmaßend konservativ, teils aus Überzeugung, teils aus Pragmatismus, mittelmäßig, doch im Besitz aller Meinungen der guten Gesellschaft«.[46]

Kritik am offenen Ende

Unter dramaturgischen Gesichtspunkten wurde das offene Ende bemängelt, da es den zeitgenössischen Dramenkonventionen widersprach. Das Schauspiel hatte nach der Dramentheorie des 19. Jahrhunderts einen ernsten Inhalt vorzustellen, der zu einer glücklichen oder zumindest versöhnlichen Lösung geführt werden musste. Doch auf ein Happy End warteten die Zuschauerinnen und Zuschauer vergeblich, wie eine Kritik in der Zeitung *Dags-Telegrafen* hervorhebt: »Wir verlassen das Stück mit dem bedrückenden Empfinden allgemeiner menschlicher Schwä-

---

Approaches to Ibsen. Ibsenårbok 11 (1970/71) S. 84–87, zit. nach: Aldo Keel, *Erläuterungen und Dokumente. Henrik Ibsen: Nora (Ein Puppenheim)*, Stuttgart 1990, S. 40–43, hier S. 40.

45 Ebd., S. 40–42.
46 Ebd., S. 42.

che, der Hohlheit und der Enttäuschung über vieles, was als menschliches Glück gilt – ganz ohne Freude.«[47]

Deutsche Übersetzung und alternativer Schluss

Die erste deutsche Ausgabe erschien zeitgleich mit der Originalausgabe 1879 in einer ersten Auflage von 3000 Exemplaren in Reclams Universal-Bibliothek und wurde unter dem Titel *Nora* bekannt, den der Übersetzer Wilhelm Lange gewählt hatte. Lange änderte nicht nur den Titel ab, sondern verlegte auch den Handlungsort nach Deutschland und gab den Figuren neue Namen, so u. a. Robert statt Torvald und Günther anstelle von Krogstad.[48] Das Interesse an Ibsens Drama war groß und hielt in den Folgejahren an: Die zweite, 6000 Stück starke Auflage erschien bereits 1880; bis 1890 wurden insgesamt 53 000 Exemplare gedruckt, und die Zahl der verkauften Bücher stieg von Jahr zu Jahr stetig an.[49]

■ Änderungen deutsche Ausgabe

■ *Nora* als Publikumserfolg

Obwohl Ibsen mehrfach betonte, »daß gerade der Schlußszene wegen das ganze Stück geschrieben wurde«,[50] verfasste er für die deutschen Bühnen einen neuen, versöhnlichen Schluss, der bereits in Wilhelm Langes Übersetzung als Variante enthalten ist. Aufgrund fehlender Urheberrechtsverträge waren Ib-

■ Neuer Schluss für die deutschen Bühnen

47 Marker (s. Anm. 44), S. 42 f.
48 Keel (s. Anm. 44), S. 43.
49 Kühne (s. Anm. 9), S. 56 f.
50 Gundlach (s. Anm. 6), S. 289, siehe auch S. 288.

sens Werke in Deutschland nicht geschützt und standen somit jedem zur Bearbeitung frei. Die »Gewalttat« an seinem Stück, wie Ibsen sie bezeichnete, nahm er daher lieber selbst vor, als sie anderen zu überlassen. In einem Brief an die Kopenhagener Zeitung *Nationaltidende* vom Februar 1880 legte Ibsen dar, dass er den alternativen Schluss nur geschrieben habe, um damit fremden Bearbeitungen seines Stückes zuvorzukommen. Er habe direkt nach dem Erscheinen des Dramas von Wilhelm Lange erfahren, dass die norddeutschen Theater beabsichtigen, für ihre Aufführungen eine andere Übersetzung mit verändertem Schluss zu nutzen:

■ Ibsens Begründung

»Um einer solchen Möglichkeit vorzubauen, schickte ich ihm zur Benutzung für den Notfall einen Änderungsentwurf, demzufolge Nora nicht aus dem Haus kommt, sondern von Helmer in die Tür zum Schlafzimmer der Kinder gedrängt wird; hier werden ein paar Repliken gewechselt, Nora sinkt an der Tür zusammen und der Vorhang fällt. Diese Veränderung habe ich meinem Übersetzer gegenüber selbst als ›barbarische Gewalttat‹ gegen das Stück bezeichnet. Es ist also gänzlich gegen meinen Wunsch, wenn von ihr Gebrauch gemacht wird; aber ich nähre die Hoffnung, daß sie von nicht allzu vielen deutschen Theatern benutzt werden wird.«[51]

51 Gunlach (s. Anm. 6), S. 285.

Der geänderte Schluss:

NORA. Dass ein Zusammenleben zwischen uns beiden eine Ehe werden könnte. Lebe wohl! *(Will gehen.)*

HELMER. Nun denn – gehe! *(Fasst sie am Arm.)* Aber erst sollst du deine Kinder zum letzten Male sehen!

NORA. Lass mich los. Ich *will* sie nicht sehen! Ich kann es nicht!

HELMER *(zieht sie gegen die Türe links)*. Du *sollst* sie sehen! *(Öffnet die Tür und sagt leise.)* Siehst du; dort schlafen sie so sorglos und ruhig. Morgen, wenn sie erwachen und rufen nach ihrer Mutter, dann sind sie – mutterlos.

NORA *(bebend)*. Mutterlos –!

HELMER. Wie du es gewesen bist.

NORA. Mutterlos! *(Kämpft innerlich, lässt die Reisetasche fallen und sagt.)* O, ich versündige mich gegen mich selbst, aber ich kann sie nicht verlassen. *(Sinkt halb nieder vor die Türe.)*

HELMER *(freudig, aber leise)*. Nora! *(Der Vorhang fällt.)*[52]

---

52 Henrik Ibsen, *Litterarisches Echo 2* (1899/1900) Sp. 969 f., zit. nach: Keel (s. Anm. 44), S. 44.

Reaktionen in Deutschland und internationaler Durchbruch von *Nora*

■ Erstauf-führungen: Schluss-varianten

Bei der deutschen Erstaufführung am 6. Februar 1880 in Flensburg wurde *Nora* mit geändertem Schluss aufgeführt; ebenso bei den darauffolgenden Aufführungen in Kiel und Neumünster. Am Premierenabend des Berliner Residenztheaters spielte man ebenfalls den abgeänderten Schluss; in anschließenden Aufführungen bot man dem Publikum abwechselnd den originalen und den alternativen Schluss an; bei der ersten Aufführung in München im März 1880 wurde hingegen wie in Kopenhagen der originale Schluss gespielt.

■ Ibsens Eindruck: Münchner Aufführung

Ibsen, der bei der Premiere am Münchner Residenztheater anwesend war, berichtet hierzu in einem Brief an seinen Verleger Hegel: »Hier unten hat *Ein Puppenheim* dieselbe Erregung hervorgerufen wie daheim. Man hat leidenschaftlich für und gegen das Stück Partei ergriffen und es ist kaum jemals zuvor in München geschehen, dass eine dramatische Arbeit so lebhaft diskutiert wurde wie diese.«[53]

■ Diskussion um *Nora* in Berlin

Nicht nur in München erhitzten sich an *Nora* die Gemüter – welchen Grad die Diskussionen in Berlin noch vor der ersten Aufführung annahmen, davon gibt die Schilderung Friedrich Spielhagens einen anschaulichen Einblick:

53 Gundlach (s. Anm. 6), S. 299.

»Wohin man kam – in jedem der Kunst und Literatur holden Salon – überall fand man inmitten zwischen den illustrierten Prachtbänden jenes unscheinbare gelbe, ›für zwanzig Pfennige einzeln käufliche‹ Heftchen No. 1257 der Reclam'schen Universalbibliothek mit dem Titel: ›Nora. Schauspiel in drei Aufzügen von Henrik Ibsen. Deutsch von Wilhelm Lange‹; und man konnte mit ziemlicher sicherer Chance des Gewinnens eine Wette darauf eingehen, es werde innerhalb der nächsten Viertelstunde [...] der klangvolle Name der Heldin des Schauspiels ausgesprochen werden und sich daran sofort eine lebhafte Diskussion knüpfen, deren Ende nicht leicht abzusehen war. Ja, mit der Lebhaftigkeit war es meistens nicht getan; oft genug steigerte sich dieselbe zu einer eben nur noch durch die gesellschaftliche Sitte verhüllten Leidenschaftlichkeit [...]. [...] In der Nora-Frage gab es keine Verständigung, kein Kompromiss. Schwarz blieb schwarz und weiß blieb weiß und damit basta!«[54]

Ibsens *Nora* führte zu zahlreichen Kontroversen, die sich weniger um das Drama als Kunstwerk als vielmehr um ein darin aufgeworfenes ethisches Problem drehten. Es waren nicht die Forderungen Noras, die im Zuge der frühen Rezeption des Stücks diskutiert wurden, »sondern der Mut Noras, über die Diskus-

■ Kontroverse: ethisches Problem

54 Spielhagen (s. Anm. 1), S. 1.

sion hinauszugehen und ihre Forderungen einlösen zu wollen. Damit zerstörte Nora das Tabu der normalen bürgerlichen Ehe, die nach außen hin alle Kennzeichen von Solidität und Dauerhaftigkeit zu tragen hatte«.[55]

Das offene Ende regte zur Diskussion darüber an, wie es Nora ergehen werde, und warf die Frage nach alternativen Lebensmöglichkeiten auf. Die zeitgenössische Kritik, insbesondere die konservative, stand dem Drama daher äußerst skeptisch gegenüber: *Nora* wurde als Angriff auf die bürgerliche Moral und die bestehende gesellschaftliche Ordnung gedeutet. Die beiden nachfolgenden Rezensionsausschnitte können dies exemplarisch veranschaulichen.

So äußert Karl Frenzel Bedenken gegenüber Ibsens Anliegen:

> »Was will er mit seiner ›Nora‹ beweisen? Dass die Gesetze, die jede Urkundenfälschung bestrafen, ungerecht sind? Welch' eine Torheit! Das Gesetz ist durchaus in seinem Recht und die Strafe von einem oder acht Tagen Gefängnis, zu der Frau Nora Helmer verurteilt werden würde, ohne den geringsten Schaden an ihrer Ehre zu nehmen, da jeder Richter hervorheben würde, dass sie nur formell gefehlt hat, steht in keinem Verhältnis zu den Folterqualen, die Nora und wir durch drei Akte erleiden müssen: Alles in Erwartung der fürchterlichen Ent-

Nora als Angriff auf bürgerliche Werte

55 Bernhardt (s. Anm. 40), S. 227 f.

scheidung! […] Und dies Verlassen ihres Mannes, ihrer unerwachsenen Kinder soll nicht unsittlich, soll tragisch sein? […] Ibsens Nora stellt den Begriff der Pflicht einfach auf den Kopf; während sie die verkörperte Eigensucht ist, hält sie sich für die verkörperte hingebende Liebe. Den schlimmsten Fehler aber finde ich, dass die zwei Seiten, aus denen Nora's Natur besteht, sich nicht zusammenreimen lassen. Wer so denkt und redet, wie die Nora der letzten Szene, tänzelt und ruschelt und spielt nicht das Kätzchen, wie die Nora der ersten.«[56]

■ Pflicht oder Eigensucht?

Der Dramatiker und Journalist Paul Lindau wird noch deutlicher, er stuft das Ende des Dramas – und somit die Tendenz des gesamten Stücks – als moralisch verwerflich ein und befürchtet einen schädlichen Einfluss auf Frauen:

»Man ist gewöhnt, nur solche Stücke als unsittliche zu bezeichnen, in welchen geschlechtliche Verhältnisse in einer Weise behandelt werden, die dem öffentlichen Schamgefühl zuwider sind. In diesem Sinne läßt sich gegen das Ibsen'sche Schauspiel natürlich gar nichts sagen. Gleichwohl muß ich dasselbe als ein in sittlicher Beziehung sehr bedenkliches bezeichnen, ja, es erscheint mir viel bedenklicher als die krassesten Ehebruchsdramen der französischen Schule. Hier werden mit großem

■ Schädlicher Einfluss?

56 Karl Frenzel, »Die Berliner Theater«, in: *Deutsche Rundschau* 26 (1880), S. 308–310, zit. nach Keel (s. Anm. 44), S. 51.

dichterischen Talente und großer Beredtsamkeit Gefühle und Gesinnungen ausgesprochen, die durchaus ungesund, und die, wie ich fürchte, wie dazu gemacht sind, in das Fleisch und Blut ungesunder weiblicher Organismen überzugehen [...]. Daß Helmer, der ja sonst so klug ist, auf die lächerliche Verirrung Noras nichts zu erwidern hat, daß sie mit ihren kindischen, thörichten, ungesunden Ideen den Sieg davonträgt und das Schlachtfeld verläßt, nachdem sie den stärkeren Gegner zu Boden geworfen hat, daß der Unsinn siegt und die Vernunft untergeht, – das ist es, was ich nicht anders denn als unsittlich bezeichnen kann.«[57]

Rückenwind bekam Ibsen vom dänischen Publizisten Georg Brandes und den deutschen Naturalisten, die sich einerseits öffentlich zu Ibsen bekannten und andererseits die führenden konservativen Kritiker nachdrücklich kritisierten.[58] Trotz der zum Teil scharfen Kritik und anfänglicher Misserfolge, wie bei den ersten Aufführungen in Berlin oder Frankfurt am Main, setzte sich das Drama durch und eroberte nach und nach die europäischen Bühnen. Nora wurde zu einer der Paraderollen großer Schauspielerinnen wie Eleonora Duse, Agnes Sorma oder Hilde Krahl, die mit ihrer Rolle reisten.

■ *Nora* setzt sich durch

57 Paul Lindau, »Nora«, in: *Die Gegenwart. Wochenschrift für Literatur, Kunst und öffentliches Leben* 18 (1880) Nr. 48, S. 348 f., zit. nach Keel (s. Anm. 44), S. 49 f.
58 Bernhardt (s. Anm. 40), S. 233–235.

In kürzester Zeit wurde das Drama in 17 Sprachen übersetzt und ab Mitte der 80er Jahre in nahezu allen Ländern mit europäisch bestimmter Theaterkultur aufgeführt, so u. a. in Paris, Mailand, St. Petersburg, Warschau, London, Amsterdam, Prag, den USA und Südafrika.[59] In der Spielzeit 1888 und 1889 wurde es in 21 Ländern und in 13 verschiedenen Sprachen aufgeführt – *Nora* war das von Ibsen am meisten gespielte Theaterstück.[60]

■ Internationaler Erfolg

In den darauffolgenden Jahren wurde es zum Drama der Frauenemanzipation: »Die Vertreter der Frauenrechtsbewegung zitieren in ihrem Kampf um höhere Schulbildung, Zulassung zur Universität und Gleichberechtigung vor dem Gesetz dieses Stück, denn nach ihrer Auffassung wird hier der Mangel an Bildung als die eigentliche Wurzel unglücklicher Ehen angeprangert.«[61]

■ *Nora* als Drama der Frauenemanzipation

Fortwirken in Literatur, Film und Comic

In der europäischen Literatur hat Nora zahlreiche Fortsetzungen und Parodien erfahren – die Frage, wohin Nora geht und was ihr nach ihrem Fortgang widerfährt, stand oft im Zentrum der literarischen Bearbeitungen.[62]

59 Bänsch (s. Anm. 14), S. 66.
60 Jens-Morten Hanssen, *Ibsen on the German Stage 1876–1918. A Quantitative Study*, Tübingen 2018, S. 92.
61 Friese (s. Anm. 1), S. XIV.
62 Lena Kühne sichtete für ihre Studie zur Verfremdung von

Nicht selten hat man einen vierten Akt erfunden, um Nora zu Helmer zurückkehren zu lassen. Für die Parodie *Nora, letzter Akt, letzte Szene* erfand das Berliner Kabarett-Ensemble Die bösen Buben um den Schauspieler Rudolf Bernauer gleich fünf neue Schlüsse. Denn der Witz ihrer *Nora*-Parodie aus dem Jahr 1901 bestand darin, dass sie Ibsens offenen Schluss durch fiktive Schlüsse im Stil der Dramatiker Frank Wedekind, Maurice Maeterlinck, Georg Hirschfeld, Alexandre Bisson und Josef Lauff ersetzten. So erläutert Nora beispielsweise im Schluss nach Wedekind, dass sie Helmer verlassen und in ein Irrenhaus gehen werde, weil sie nun vernünftig geworden sei, woraufhin der verwirrte Helmer Nora anfleht, ihn mitzunehmen.[63]

■ Literarische *Nora*-Parodien

Neben klassischen Parodien und Fortsetzungen, in denen Nora zurück zu ihrer Familie findet, entstanden auch Stücke, die einen provokanteren Ansatz wählten: So brachte beispielsweise die Schriftstellerin Esther Vilar unter dem Titel *Helmer oder Ein Puppenheim* (1979) ausschließlich den verlassenen Helmer auf die Bühne, der monologisierend mit Nora abrechnet. Diese meldet sich lediglich über das Telefon und will zu ihm zurückkehren. Elfriede Jelinek wagt mit ihrem Stück *Was geschah, nachdem Nora ihren*

■ Fortschreibungen der 70er Jahre

Ibsens Gesellschaftsdramen in Parodien knapp 80 allein im deutschen und skandinavischen Sprachraum erschienene Texte; *Nora* hat die meisten textuellen Reaktionen erfahren. Siehe dazu Kühne (s. Anm. 9), S. 14 f.
63 Bänsch (s. Anm. 14), S. 77.

Mann verlassen hatte oder *Stützen der Gesellschaft* (UA 1979) einen Zeitsprung in die 1920er Jahre, wo die mittlerweile gealterte Nora die Hölle der kapitalistischen Gesellschaft durchläuft, ehe sie schließlich zu ihrem gedemütigten Helmer zurückkehrt.

Neben den zahlreichen literarischen Adaptionen gibt es mittlerweile etwa ein Dutzend Verfilmungen des Ibsen'schen Dramas auf unterschiedlichem Niveau. Die älteste Produktion aus Deutschland ist der 1923 erschienene Stummfilm *Nora* von Berthold Viertel mit Olga Tschechowa in der Hauptrolle; es folgte Harald Brauns UFA-Verfilmung *Nora* mit Luise Ullrich von 1944 sowie 1974 Rainer Werner Fassbinders Fernsehfilm *Nora Helmer* mit Margit Carstensen in der Rolle der Nora. ■ *Nora-Verfilmungen*

Die bekannteste filmische Umsetzung ist wohl die britisch-französische Produktion *A Doll's House / Maison de poupée* (deutsch: *Nora*) unter der Regie von Joseph Losey mit Jane Fonda als Nora und David Warner in der Rolle Helmers. Der Film wurde im Mai 1973 auf den Filmfestspielen in Cannes vorgestellt und lief im Oktober desselben Jahres in den deutschen Kinos an. Loseys Film bleibt nah an der literarischen Vorlage, nimmt dieser jedoch leider ihren Biss. Ibsens Drama übt scharfe Kritik an der bürgerlichen Gesellschaft, an ihren Vertretern, Normen und Konventionen – eine Tatsache, die in der britisch-französischen Produktion zu kurz kommt. Loseys beschönigender, eher poetischer Blick, der Ibsens wahrheitsgetreuer Darstellung von Wirklichkeit widerstrebt, ■ Kinofilm von Joseph Losey

Abb. 9: Szene aus der *Nora*-Verfilmung von Joseph Losey (1973) mit David Warner (Mitte) als Torvald und Jane Fonda (rechts) als Nora – © British Lion AF Archive Mary Evans / Imago / Allstar

wird auch an der Bearbeitung der männlichen Figuren deutlich: So wird beispielsweise Helmer, der in der literarischen Vorlage als ein nur auf den eigenen Vorteil bedachter, egozentrischer Spießbürger erscheint und somit als Antiheld gelten kann, in der filmischen Bearbeitung zum Sympathieträger. In einer Rezension zum Film wurde zudem kritisiert, dass die Verfilmung die »theaterhafte Nacherzählung« eines Regisseurs sei, »der Ibsens Dramaturgie nicht verstanden hat oder nicht hat verstehen wollen« und den »Ibsens böser, heller Blick auf Bürgertum und triviales

Ibsens böser, heller Blick fehlt

Leben nicht sehr interessiert hat«.[64] Im Vergleich zu Fassbinders deutscher Produktion ist er dennoch deutlich besser gelungen. Dieser zeigt eine hölzern wirkende Nora inmitten eines Interieurs aus Gittern und Glas, der jegliche verspielte Leichtigkeit der literarischen Vorlage fehlt. Und er nimmt Änderungen vor, die für die Zuschauerinnen und Zuschauer unverständlich bleiben – so umarmen und küssen sich ausgerechnet Nora und ihr Gegenspieler Krogstad bei ihrem zweiten Gespräch im Hause der Helmers.

Bemerkenswert ist die gelungene Comicadaption *Nora* der Zeichnerin Cinzia Ghigliano, das 1978 anlässlich des bevorstehenden 100-jährigen Jubiläums der Erstausgabe des Stückes in der Mailänder Edizioni dalla parte delle bambine erschien und trotz notwendiger Verkürzung der sprachlichen Inhalte nah an Ibsens Vorlage bleibt. Neben der ästhetisch ansprechend gestalteten, bunt kolorierten Comic-Fassung des Stücks, in der die Inhalte durch Sprechblasen vermittelt werden, bietet das Werk auch den gesamten Originaltext des Schauspiels. Außerdem erschien beim Klett-Verlag 2016 eine Comicadaption von *Nora* in der Reihe *Klassiker trifft Comic*.

■ Comicadaption zum Jubiläum

---

64 Benjamin Henrichs, »Ratio ex machina«, in: *Die Zeit* (14. 12. 1973), Nr. 50.

9. Prüfungsaufgaben mit Lösungshinweisen

Aufgabe 1: Die beiden Schlussfassungen im Vergleich

Vergleichen Sie die beiden Schlussvarianten von *Nora* hinsichtlich ihrer Konsequenzen für die Figurenkonzeptionen Noras und Helmers (ursprüngliche Variante: »Dass ein Zusammenleben zwischen uns beiden eine Ehe werden könnte« bis Ende, S. 102; durch Ibsen veränderter Schluss: S. 127 dieses Lektüreschlüssels). Beurteilen Sie anschließend, ob und inwiefern sich die Aussage des Stücks durch den neuen Schluss verändert.

Lösungshinweise

Generelle Hinweise

Die Unterschiede in den beiden Textfassungen sollten detailliert untersucht und hinsichtlich der Folgen für die Figurenkonzeption miteinander verglichen werden. Es empfiehlt sich, auch andere Textstellen einzubeziehen, in denen die Charakteristik der Figuren deutlich wird, um Veränderungen, Brüche und Kontinuitäten in den Schlussszenen aufzeigen zu können. Belegen Sie Ihre Einschätzung anhand geeigneter Textstellen und bauen Sie aussagekräftige Zitate ein, um die dargelegten Zusammenhänge zu veranschaulichen. Denken Sie daran,

Ihr abschließendes Urteil zur Gesamtaussage des Stücks nachvollziehbar zu begründen.

Inhaltlich wichtige Aspekte

- In der **Originalfassung** bleibt **Helmer** alleine zurück, sinkt auf einem Stuhl zusammen und schlägt die Hände vors Gesicht; er ruft Noras Namen und realisiert, dass sie fort ist. Diese Gestik und Mimik verraten seine Bestürzung über den Verlust seiner Ehefrau und könnten auch in Richtung Reue gedeutet werden.
- Dann zuckt ein Hoffnungsschimmer hinsichtlich des »Wunderbarste[n]« (S. 102) und eines möglichen Neuanfangs in Helmer auf; er scheint geläutert und bereit für Veränderungen zu sein.
- Demnach wird ein Wandel in Helmers Figur sichtbar, der auf seine Erkenntnis der Unterdrückung und des Unglücks seiner Frau zurückzuführen ist. Es deutet sich darin an, dass er – wie er bereits zu verstehen gegeben hat, um Nora zum Bleiben zu bewegen – dazu bereit ist, an sich zu arbeiten, damit die Ehe noch eine Chance hat. Berücksichtigt man allerdings, dass sich Helmer im Laufe des Stückes als unaufrichtiger Partner entpuppt hat, der große Reden schwingt, bedingungslose Liebe und Aufopferungsbereitschaft bloß heuchelt, kann man sich auch in der Schlussszene seiner Glaubwürdigkeit nicht sicher sein. Ob er tatsächlich bereit ist, sein bevormundendes Verhalten gegenüber Nora abzulegen, bleibt somit fraglich.
- Im Gegensatz zum Originalschluss tritt Helmer in der

abgeänderten Schlussfassung äußerst autoritär und kalt auf, sein Verhalten ähnelt der Szene, in der er Nora aufgrund ihrer Tat aufs härteste verurteilt: Sein »Nun denn – gehe!« wirkt verärgert bis gleichgültig, anschließend zieht er Nora gegen ihren Willen am Arm zu ihren Kindern, um ihr ein schlechtes Gewissen zu machen: Er führt ihr vor Augen, dass ihre Kleinen nach ihr fragen, aber von nun an mutterlos sein werden.

- In dieser Schlussvariante wird deutlich, dass Helmer nicht zu Veränderungen bereit ist, damit eine gleichberechtigte Ehe entstehen kann; er wird, so deutet sich an, von Nora den Gehorsam fordern, den er stets von ihr verlangte.

- Sein zuvor verbalisierter Wille zur Veränderung, der sich in der Originalfassung bis zum Ende des Stückes fortzusetzen scheint, wird somit in der neuen Schlussfassung zurückgenommen.

- Der abgeänderte Schluss lässt sich mit Helmers recht statischem, vor allem auf Macht und Ansehen bedachten Charakter vereinbaren.

- Für **Nora** hat die Änderung des Schlusses weitreichende Folgen: Ihr gesamter Entwicklungsprozess hin bis zur vorläufigen, mühsam erarbeiteten Emanzipation wird ad absurdum geführt und auf einen Schlag der Mutterrolle geopfert, von der sie sich schon losgelöst hatte.

- Indem sie ihre Pflichten als Mutter beim Anblick ihrer Kinder letztlich höherstellt als die Pflichten gegen sich selbst, fügt Nora sich schließlich den Werten und Normen der bürgerlichen Gesellschaft.

- Nora sinkt am Ende nicht grundlos in die Knie: Sie hat den Kampf gegen die moralischen Normen der patriarchalischen Gesellschaft verloren und nimmt in dieser Schlussfassung ebenjene Rolle ein, die ihr als Frau zugewiesen wird und die sie zuvor mit dem Verweis auf ihr Menschsein abgelehnt hatte. Dass sie an ihren eigenen moralischen Grundsätzen dennoch festhält und darum zerrissen ist, macht ihr Ausruf »O, ich versündige mich gegen mich selbst, aber ich *kann* sie nicht verlassen« deutlich.

- Die **Aussage des Dramas** verkehrt sich damit in ihr Gegenteil: Noras Emanzipation, die das Drama in der Originalfassung in Aussicht stellt, scheitert, da sie anerkennt, dass ihre heiligste Pflicht in der Wahrnehmung ihrer Mutterrolle besteht. Indem sie bei ihrer Familie bleibt, gibt sie dem Frauenbild und den Moralvorstellungen der bürgerlichen Gesellschaft nach.

- Nora erlebt keinen Aufbruch ins Ungewisse, der alternative Lebensmöglichkeiten jenseits der Familie aufzeigen könnte; stattdessen triumphieren die bestehenden Regeln und Normen, deren Vertreter Helmer ist.

- Tragisch ist zudem, dass Nora sich durch die Geschehnisse und ihre Erkenntnisse so sehr verändert zu haben scheint, dass sie unter ihrer Unterdrückung, die sie nun gründlich durchschaut hat, leidet.

Aufgabe 2: Die Thematik des Geldes in *Nora*

Untersuchen Sie, welche Bedeutung dem Thema Geld innerhalb des Dramas zukommt. Gehen sie hierbei auch auf die Figuren und ihre gegenseitigen Beziehungen ein. Nehmen Sie anschließend Stellung: Sind die dargestellten Figurenbeziehungen Ihrer Meinung nach überwiegend durch ökonomische Machtverhältnisse bestimmt?

Lösungshinweise

Generelle Hinweise

Bei dieser aspektorientierten Untersuchung sollte man folgende Fragen klären: In welchen Zusammenhängen wird die Thematik des Geldes innerhalb des Dramas relevant? Innerhalb welcher Figurenbeziehungen spielt Geld eine Rolle? Kann die Thematik für das Drama als zentral gelten? Das erneute Lesen einzelner Textstellen kann helfen, sich über die Bedeutung des Geldes innerhalb des Dramas klarzuwerden. Bei der Darstellung empfiehlt es sich, verschiedene Bereiche einzubeziehen. Verweisen Sie auf relevante Textstellen und bauen Sie aussagekräftige Zitate ein, um ihre Überlegungen zu stützen. Denken Sie daran, die Ergebnisse Ihrer Untersuchung zusammenzufassen und Ihre Stellungnahme nachvollziehbar zu begründen.

Inhaltlich wichtige Aspekte

- Bereits zu Beginn des ersten Akts wird das Thema Geld eingeführt und nimmt einen großen Raum innerhalb des Gesprächs des Ehepaares Helmer ein: Sie sprechen über Noras Weihnachtseinkäufe, ihren angeblich vom Vater ererbten verschwenderischen Umgang mit Geld und Helmers neue Stelle als Bankdirektor. Nora freut sich, dass sie von nun an nicht mehr so sparsam leben müssen; Helmer hingegen betont, dass er die Stelle erst im neuen Jahr beginne und nicht über seine Verhältnisse leben werde, da Schulden etwas »Unschönes« (S. 9) in jedes Haus brächten.
- Noras Bitte um ein Geldgeschenk zu Weihnachten macht ihre finanzielle Abhängigkeit von Helmer deutlich.
- Die in der Vergangenheit liegende Konfliktursache des Dramas, die Krogstad erst den Erpressungsversuch ermöglicht, ist ebenfalls durch das Thema Geld bestimmt: Nora hat eine Unterschrift gefälscht und sich heimlich Geld bei Krogstad geliehen, um Helmers lebensrettende Italienreise zu finanzieren.
- Nora möchte zunächst den vermögenden Hausfreund Dr. Rank um Geld bitten, um das Darlehen schnellstmöglich zurückzuzahlen und den Schuldschein zu erhalten. Sie kokettiert mit ihm nicht, um ihm ihre Zuneigung anzuzeigen, sondern des Geldes wegen.
- Christine Linde bittet Nora um Hilfe bei der Suche nach einem Beruf, der ihr ein Auskommen sichern

kann. Auf Veranlassung Helmers soll sie schließlich die Stelle Krogstads in der Bank einnehmen. Ihre damalige Verlobung mit Krogstad hatte sie aufgelöst, da dieser nicht über genügend finanzielle Mittel verfügte: Hier wird deutlich, wie sehr wichtige Lebensentscheidungen der Figuren vom Geld abhängen.

- Es lässt sich festhalten, dass Geld von zentraler Bedeutung für das Drama ist: Als Dreh- und Angelpunkt des Konflikts um Noras Vergehen und Krogstads Erpressungsversuch durchzieht es das gesamte Stück und ist entscheidend für die Beziehungen der Figuren zueinander.

- Nicht alle dargestellten Beziehungen sind jedoch durch ökonomische Machtverhältnisse bestimmt: So hat die wiederaufgenommene Beziehung zwischen Krogstad und Christine Linde nichts mit Geld zu tun, ebenso wie Dr. Ranks freundschaftliche Verbundenheit zu den Helmers oder Noras Freundschaft zu Christine Linde.

Aufgabe 3: Innerer Monolog Helmers

Versetzen Sie sich in Torvald Helmers Situation zum Schluss des Stückes hinein und schreiben Sie in Form eines inneren Monologs auf, welche Gedanken ihn beschäftigen könnten, nachdem Nora ihn verlassen hat.

Lösungshinweise

Generelle Hinweise

Der innere Monolog ist eine besondere Form der Figurenrede, die Einblicke in die psychische Verfassung einer Figur ermöglicht: Gedanken, Gefühle, Ängste, Sorgen, Befürchtungen und Hoffnungen der Figur sollen zum Ausdruck kommen. Wichtig ist, dass der innere Monolog zur Situation passt, in der sich die Figur befindet. Das heißt, dass die Gedanken und Gefühle aus dem Text heraus nachvollziehbar sein und einen Bezug zu ihm aufweisen müssen. Da der innere Monolog eine Interpretation darstellt, ist es wichtig, konkrete Textbezüge einzubauen und auf das bereits Geschehene Bezug zu nehmen. Verfasst wird der innere Monolog in der ersten Person (Ich-Form) im Präsens, wobei die Gedanken ungefiltert und detailliert wiedergegeben werden. Der Text darf Eigenheiten aufweisen, wie sie für Gedankengänge typisch sind: So dürfen sich Gedanken wiederholen, es darf zwischen Gedanken gesprungen werden, sie dürfen einfach abbrechen oder urplötzlich wieder aufgenommen werden. Sprachlich wird dies durch Teilsätze, Redeabbrüche, Auslassungspunkte und Gedankenstriche deutlich gemacht.

Inhaltlich wichtige Aspekte

- **Möglicher Einstieg:** Wie sich bereits in der Schluss-szene andeutet, könnte Helmer einen Moment brauchen, um zu realisieren, dass Nora ihn tatsächlich verlassen hat. Der Realisierungsprozess, der von Ungläubigkeit über Verwirrung bis hin zu Wut oder Trauer reichen kann, sollte sich in seinen Gedanken spiegeln.

- **Nach dem ersten Schock:** Helmers Gefühle und Gedanken nach dem ersten Schock sagen viel über die Interpretation seiner Figur aus. Er könnte sich Sorgen über Nora machen, seine Rolle an Noras Unglück reflektieren und Reue zeigen. Er könnte aber auch an seine Zukunft und an seinen Ruf denken, über das nachdenken, was die Leute sagen werden. Er könnte seinem Schmerz über den Verlust Raum geben, oder auch überlegen, wie er das zunächst geheim hält, um sein Ansehen beim Eintritt in die neue Position nicht zu gefährden – hier ist vieles möglich, die Gedanken sollten aber zu der Figur passen, wie sie sich vorher im Drama gezeigt hat.

- **Helmers Hoffnungsschimmer:** Die Regieanweisung verrät, dass in Helmer eine »Hoffnung [auf]-zuckt« (S. 102). Diese Hoffnung sollte Eingang in seine Gedanken und Gefühle finden und deutlicher ausdifferenziert werden – was genau macht Helmers Hoffnung aus? Hat er den Willen, sich zu verändern, um das »Wunderbarste« (S. 102) zu ermöglichen? Glaubt er, dass Nora zurückkehren wird? Schmiedet er konkrete Pläne, um sie zurückzugewinnen, oder bleibt es ein vager Hoffnungsschimmer, der vor allem dazu dient, ihn im ersten Moment über seinen Verlust hinwegzutrösten bzw. seine eigene Schuld an ihrem Fortgehen nicht anerkennen zu müssen?

- **Reflexion des letzten Gesprächs:** Inhalte aus dem zuvor geführten Gespräch mit Nora sollten ebenfalls Eingang in die Darstellung seiner Gedanken finden. Ob Helmer Noras Gründe im Nachhinein teilweise nachvollziehen kann oder weiterhin ablehnt, das liegt in Ihrem Ermessen. Im Text steht, dass Helmer ihr zumindest hinsichtlich der Beschreibung ihrer Ehe teilweise recht gibt. Helmer könnte auch seine eigene Reaktion auf ihre Straftat reflektieren, die dazu geführt hat, dass ihn Nora nicht mehr liebt. Bereut er und ist sich seiner Fehler bewusst?

- **Erinnerung an Vergangenes und Blick in die Zukunft:** Helmers Zukunft ohne Nora, seine Sorgen und Ängste, Wünsche und Hoffnungen sollten in der Darstellung berücksichtigt werden. Die Erinnerung an die gemeinsamen Ehejahre kann ebenfalls Eingang in den inneren Monolog finden, z. B. um die durchaus unterschiedliche Sichtweise des Paares von ihrer Ehe in der Rückschau hervorzuheben.

10. Literaturhinweise/Medienempfehlungen

Zugrunde gelegte Ausgabe

Henrik Ibsen: Nora (Ein Puppenheim). Schauspiel in drei Akten. Übers. von Richard Linder. Hrsg. von Mario Leis und Eva Hönsch. Stuttgart: Reclam, 2022. (Reclam XL. Text und Kontext. 16142.) – *Der Text dieser Ausgabe ist zeilengleich mit der Ausgabe der Universal-Bibliothek Nr. 1257.*

Biografien zu Henrik Ibsen

Admoni, Wladimir: Henrik Ibsen. Die Paradoxie eines Dichterlebens. München: Beck, 1991.

Ferguson, Robert: Henrik Ibsen. Eine Biographie. Aus dem Engl. übers. von Michael Schmidt. Darmstadt: Wissenschaftliche Buchgesellschaft, 1998.

Rieger, Gerd Enno: Henrik Ibsen in Selbstzeugnissen und Bilddokumenten. Reinbek b. Hamburg: Rowohlt, 1981.

Literatur- und gattungsgeschichtliche Einordnung

Asmuth, Bernhard: Einführung in die Dramenanalyse. Stuttgart: Metzler, [6]2004.

Bernhardt, Rüdiger: Henrik Ibsen und die Deutschen. Berlin: Henschelverlag, 1989.

Glauser, Jürg (Hrsg.): Skandinavische Literaturgeschichte. Stuttgart/Weimar: Metzler, 2006.

Sekundärliteratur zu *Nora*

Bänsch, Dieter: Henrik Ibsen. Nora oder Ein Puppenheim. Frankfurt a. M.: Diesterweg, 1991.

Ibsen, Henrik: Ein Puppenheim. Stück, Vorarbeiten, Materialien. Hrsg. und übers. von Angelika Gundlach. Frankfurt a. M.: Insel Verlag, 1979.

Keel, Aldo: Erläuterungen und Dokumente. Henrik Ibsen: Nora (Ein Puppenheim). Stuttgart: Reclam, 1990. (Universal-Bibliothek. 8185.)

Keel, Aldo: Risse im Puppenheim. In: Interpretationen. Ibsens Dramen. Stuttgart: Reclam, 2005. S. 69–87. (Universal-Bibliothek. 17530.)

Medienempfehlungen

Nora oder Ein Puppenhaus. Henrik Ibsen inszeniert von Herbert Fritsch. Hauptdarstellerin: Manja Kuhl. Deutschland 2012. Die Theateredition DVD. Länge: 95 Minuten. Extras: Interview mit Manja Kuhl. – *Moderne Inszenierung des Ibsen'schen Stücks mit reduziertem Bühnenbild und offensiver, teils überspitzter Darstellung.*

Nora. Basierend auf dem Schauspiel »A Doll's House« von Henrik Ibsen. Regie: Joseph Losey. Hauptdarstellerin und -darsteller: Jane Fonda und David Warner. Großbritannien/Frankreich 1973. KSM DVD. Länge: 102 Minuten. – *Mutet im Vergleich zur Vorlage und zu Fritschs Inszenierung recht bieder an, aber dennoch empfehlenswerter als die deutsche Verfilmung von Fassbinder.*

11. Zentrale Begriffe und Definitionen

Akt: ein größerer Handlungszusammenhang innerhalb des Dramas, dessen Schluss durch das Fallen des Vorhangs angezeigt wird (auch Aufzug genannt).

➤ S. 7, 45–48

Analytisches Drama: Dramenform, bei der die Geschehnisse, die den Konflikt auslösen, in der Vergangenheit der Figuren liegen und damit vor der dargestellten Bühnengegenwart geschehen sind. Sie sind zunächst unbekannt und werden erst im Verlauf des Dramas nach und nach enthüllt.

➤ S. 7, 45–47

Bote aus der Fremde: eine für den Handlungsverlauf wichtige Figur des naturalistischen Dramas, die ›von außen‹ hinzukommt, den Konflikt also aus der Distanz heraus betrachtet, und Bewegung in die Handlung bringt.

➤ S. 38 f.

Bürgerliche Gesellschaft: bezeichnet eine europäische Gesellschaftsform des 18. und 19. Jahrhunderts seit der Industrialisierung in Abgrenzung zum Adel und Klerus einerseits und zur Bauern- und Arbeiterschaft andererseits. Weiter unterteilen lässt sie sich in das durch Wohlstand und Privilegien gekennzeichnete Großbürgertum (auch Besitzbürgertum oder Bourgeoisie), das Kleinbürgertum, das sich aus den weniger wohlhabenden Handwerkern, Lehrern, einfachen Beamten usw. zusammensetzt, und das aus Professoren, höheren Beamten u. Ä. bestehende Bildungsbürgertum.

➤ S. 9 f., 52, 60, 64–68, 72, 81, 93, 95 f., 113, 119, 130, 135, 140 f.

Drama: altgriechisch für ›Handlung‹, eine der drei Hauptgattungen der Literatur neben Epik und Lyrik. Sie umfasst Texte in Prosa- und Versform, die für die Vorführung auf der Bühne und für mehrere Rollen konzipiert sind. Die beiden Hauptformen des Dramas sind die Tragödie, die sich dadurch auszeichnet, dass der Held bei dem Versuch, den dramatischen Konflikt zu lösen, scheitert (➤Katastrophe), und die Komödie, die einen glücklichen Ausgang des Konflikts für den Helden vorsieht.

➤ S. 7–10, 27, 38, 43, 45–55, 60, 62 f., 70, 72 f., 99 f., 102, 106

Exposition: erster Akt eines Dramas nach dem Fünfaktschema des klassischen Dramenmodells sowie auch im dreiaktigen Drama. Die Exposition führt die Zuschauerinnen und Zuschauer in die Ausgangssituation ein, indem die Figuren vorgestellt und die Verhältnisse, aus denen der tragische Konflikt entspringt, dargelegt werden.

➤ S. 46 f.

Figurenkonstellation: das Beziehungsgeflecht zwischen den Figuren eines literarischen Textes, das durch Gegensätze oder Entsprechungen in z. B. sozialer, psychologischer oder ethisch-moralischer Hinsicht geprägt ist und die Handlung mitbestimmt.

➤ S. 25, 61

Handlung: eine Abfolge von zusammenhängenden, ursächlich miteinander verketteten Ereignissen, die das dramatische Gerüst des jeweiligen Werks bilden. Man kann die Handlung nach der Wichtigkeit in Haupt- und Nebenhandlung oder nach ihrer Art in äußere und innere Handlung unterscheiden.

➤ S. 7, 25, 37 f., 45–49, 52, 55, 77, 98

Hypotaxe: bezeichnet die Unterordnung von Nebensätzen unter Hauptsätze. Die Satzbestandteile werden oft durch Konjunktionen verbunden, wodurch komplexe Zusammenhänge verdeutlicht werden können. Neben einfachen Hypotaxen (Hauptsatz, Nebensatz) gibt es auch komplexe Hypotaxen, die einen verschachtelten, aus zahlreichen Nebensätzen bestehenden Satzbau beschreiben (Gegenteil: ➤ Parataxe).

➤ S. 49 f.

Katastrophe: fünfter Akt einer Tragödie (➤ Drama) nach dem klassischen Fünfaktschema und dritter Akt im dreiaktigen Drama. In der Katastrophe kommt die konflikthafte Handlung zu einem eindeutigen, tragischen Ende; ihr entspricht in der Komödie die Lösung, das Happy End des Konflikts.

➤ S. 45, 47 f., 98, 120

Klassisches Dramenmodell: Das klassische Drama nach Aristoteles (auch aristotelisches Drama genannt) zeichnet sich durch einen kompositorisch strengen Aufbau mit fester Szenenfolge sowie durch ein eindeutiges Ende aus; die Handlung strebt kontinuierlich zu diesem Schluss hin (geschlossenes Drama); wichtig ist bei Aristoteles die Einhaltung der drei Einheiten der Handlung (nur ein Handlungsstrang), des Ortes (ein Schauplatz) und der Zeit (ein Sonnenumlauf, also 24 Stunden). Ibsen weicht schon durch die analytische Form (➤ analytisches Drama) und durch das offene Ende von diesem Modell ab; hinsichtlich der drei Einheiten ist die Einheit des Ortes und der Handlung vollständig gegeben, die der Zeit in abweichender Form – das Weihnachtsfest schafft eine überschaubare, feste Einheit, die jedoch über vierundzwanzig Stunden hinausgeht.

➤ S. 46, 51

Leitmotiv: Das Leitmotiv ist ein häufig wiederkehrendes ➤ Motiv, das besonders starken Einfluss auf den Text ausübt, weil es sich wie ein roter Faden durch die Handlung zieht.

➤ S. 54, 101

Motiv: In der Literatur bezeichnet der Begriff einen wiederkehrenden inhaltlichen Baustein, der ein bestimmtes Thema in die Handlung einbringt und über sich hinaus Bedeutung für den Textzusammenhang schafft.

➤ S. 42, 52, 54, 83, 101–103

Naturalismus: literarische Strömung, die in den 1870er Jahren entstand und von etwa 1880 bis 1900 in Deutschland verbreitet war. Der Naturalismus radikalisierte die Ideen des Realismus und schuf eine Form der Literatur, die auf exakter Gesellschafts- und Naturbeobachtung beruhte. Ihr Ziel war es, gesellschaftliche Umstände wahrheitsgetreu abzubilden und soziale Missstände aufzudecken.

➤ S. 7, 61, 63, 114

Parataxe: bezeichnet die Nebenordnung von Sätzen, Satzgliedern oder Wortgruppen. Ein parataktischer Satzbau ist geprägt durch die Aneinanderreihung von Hauptsätzen, Wortgruppen oder Wörtern, die als gleichwertige Teile zu betrachten sind. Diese können durch Kommas, Semikolons oder nebenordnende Konjunktionen voneinander getrennt sein. Durch den Verzicht auf unterordnende Konjunktionen erhält die Parataxe ihren Aufzählungscharakter (Gegenteil: ➤ Hypotaxe).

➤ S. 49, 51

Parodie: eine verzerrende, übertreibende oder verspottende Nachdichtung eines Werks oder Nachahmung des Stils eines Künstlers.

➤ S. 133 f.

Peripetie: findet nach dem Fünfaktschema des klassischen Dramenmodells im dritten Akt eines Dramas statt, im zweiten Akt des dreiaktigen Dramas; stellt den Höhepunkt sowie den Umschwung der Handlung (deren Wendepunkt) dar, wodurch die Katastrophe oder die Lösung des Problems eingeleitet wird.

➤ S. 47 f.

Protagonist: ist die Hauptfigur und somit zentrale Gestalt eines literarischen Werks.

➤ S. 25, 81

Satire: Kunstgattung, die durch Übertreibung und Ironie Kritik an Personen oder Ereignissen übt, sie der Lächerlichkeit preisgibt und Zustände anprangert.

➤ S. 106, 108

Schauspiel: nach der Dramentheorie des 19. Jahrhunderts definiert als ein ➤ Drama mit ernstem Gehalt, das zu einer glücklichen Lösung führt und demnach zwischen Komödie und Tragödie angesiedelt ist. Heute bezeichnet der Begriff jede Form des Sprechtheaters in Abgrenzung zum Musik- oder Tanztheater.

➤ S. 8, 55, 124, 129, 131, 137

Syntax: Lehre vom Bau des Satzes als Teilgebiet der Grammatik; Satzlehre.

➤ S. 49 f.

Szene: kleinere Handlungseinheit innerhalb des Dramas und des ➤Aktes, die sich häufig durch ein im Vergleich zur vorangehenden Handlung verändertes Figurenensemble auszeichnet (auch Auftritt genannt).

➤ S. 46, 54 f., 72 f., 98, 103, 125, 131, 134, 138–140, 145